Festtage
zum Nachlesen

Hans-Peter Ebert

Festtage zum Nachlesen

Hintergründe zu Zeitrechnung und Brauchtum

DRW-Verlag

ISBN 3-87181-465-2

Produktion: red.sign, Stuttgart
Gestaltung: red.sign, Stuttgart
Gesamtherstellung: Karl Weinbrenner & Söhne GmbH & Co., Leinfelden-Echterdingen

Abbildung auf dem Einband: Kalendarium des Johann von Gmünd. Holzschnitt von 1468 mit späterer Kolorierung. (Foto: AKG Berlin)

Bestellnummer: 465

Für
Katja Christine (geb. 1972)
und Dirk Martin (geb. 1973)

Vorwort

Mit „Nachdenkliches“ war eine Sammlung von Gedanken und Sachverhalten überschrieben. Aus dieser Sammlung wurde die eine oder andere Geschichte herausgegriffen und zum Abschluss einer Vorlesung am Jahresende, vor Ostern oder vor Fastnacht vorgetragen. Oft baten Zuhörer um eine schriftliche Zusammenstellung. In Erfüllung dieses Wunsches entstand dieses Buch.
Das Berichtete wurde aus vielen Quellen zusammengetragen. Häufig finden sich unterschiedliche Zeitangaben oder Gründe für denselben Sachverhalt. Die Wurzeln unserer Kultur sind wie bei einem Baum sehr verzweigt. Es lässt sich heute kaum noch sagen, aus welchem Wurzelstrang die stärksten Einflüsse kamen. Im Nebel der Vergangenheit werden die Ursprünge unserer Kultur oft für immer undeutlich sein und unklar bleiben.
Vielleicht verlief eine geschilderte Geschichte in der damaligen Wirklichkeit anders als hier überliefert. So wie uns Geschichte von Berichterstattern der Vergangenheit und Gegenwart vermittelt wird, verlief sie oft nicht, weil mancher Berichterstatter seine eigene Vorstellung zur Geltung bringt oder ein Mächtiger die Hintergründe in seinem Sinne manipulieren lässt. Es wurde aber versucht, den Ursprüngen so nah als möglich zu kommen.
Wenn die Geschichten zum Nachdenken anregen und zur Toleranz gegenüber Fremdem führen, dann haben sie ihren Zweck erfüllt. Wenn Sie, liebe Leser, etwas noch genauer wissen, dann freue ich mich, wenn Sie mir dies schreiben.

Rottenburg am Neckar, im Frühjahr 2001

Hans-Peter Ebert

Am Beginn des Jahres: Der Kalender

Das Zeitmaß

Zeit hat keinen Anfang und kein Ende. Diesem ungegliederten Chaos geben wir Menschen eine ordnende Struktur. Jeder Mensch hat seine eigene Zeitrechnung. Sie beginnt mit der Geburt und wird strukturiert durch Erlebnisse, an die sich der Mensch erinnert. Die Verzahnung dieser „persönlichen Zeit“ mit den Zeiterlebnissen anderer Menschen und mit Ereignissen, die zeitlich nacheinander stattgefunden haben, erfolgt mit einem Zeitweiser, dem Kalender.

persönliche Zeit

Der klimatische Rhythmus der Jahreszeiten im Jahreslauf war von Anfang an der wichtigste Gliederungsmaßstab. Den Namen bekam der „Kalender“ genannte „Zeitweiser durch das Jahr“ vom ersten Tag eines Monats in römischer Zeit, vom „calendae“. An diesem Tag haben Priester wichtige Termine ausgerufen, wie z. B. fällige Zahlungen, Steuer- und Zinsabgaben.

Kalender

Obgleich in der Natur nichts konstant, sondern alles in Bewegung ist, gibt es doch im Verlauf eines Jahres für uns kurzlebige Menschen sehr konstante Dinge. Dabei ist selbst die Länge eines Tages nichts ewig Gleiches. Durch die langsamer werdende Drehung der Erde soll ein Tag in einer Million Jahre um 16 Sekunden länger sein.

Die Ursprünge der Zeitrechnung

Die ältesten bisher gefundenen Nachweise eines Kalenders sind vermutlich in Israel auf einem 22000 Jahre alten Knochen gefundene Kerben. Sie stellen wahrscheinlich die Tage eines Mondmonats dar.

Stonehenge. Kreisförmige Steinkreissetzung in einer Ebene 13 km nördlich von Salisbury im Südwesten Englands; vermutlich aus der Jungsteinzeit.

Steinkreise von Stonehenge

Die Steinkreise von Stonehenge (nahe Salisbury in England) entstanden ungefähr um 2000 v. Chr. und sind somit erst 4000 Jahre alt. Sie stellen wahrscheinlich ein Kalenderwerk und nicht nur eine Kultstätte dar. Das Werk bestand aus zwei Steinkreisen. Einem äußeren Kreis mit 40 Steinen, die oben mit Steinbalken überdeckt waren und einem inneren Kreis aus 40 kleineren Steinen. Innerhalb des inneren Kreises befanden sich Steine in zwei hufeisenförmigen Teilkreisen. Im Zentrum stand ein einzelner sehr großer Stein. Der zentrale Steinkreis hatte 29 große Portale und eine kleine Pforte, was 29,5 Tagen von Vollmond zu Vollmond entspricht.

Kalender als steinerne Bauwerke in der Landschaft finden sich auch in Südamerika, z. B. bei Nasca in Peru und in der vorgeschichtlichen Anden-Siedlung Tiahuanaco.

Die Zeiteinheit „Jahr"

Sonnenjahr

Die Zeit, welche die Erde für eine Umkreisung der Sonne benötigt, wird „Sonnenjahr" genannt. Ein Sonnenjahr dauert 365,2422 Tage = 365 d + 5 h + 48 min + 46 sec. Diese Zeitspanne wird auch „tropisches Jahr" genannt. Tropisch kommt von tropus, tropai = Wendung, Kehre (griech.) und meint, dass sich in dieser Zeitspanne einmal der jahreszeitliche Rhythmus zur Wiederholung wendet. Das tropische Jahr entspricht der Zeit zwischen zwei Durchgängen der Erde durch den „Frühlingspunkt“, wenn die Sonne über dem Äquator steht. Unser Kalenderjahr ist daran ausgerichtet.

Mondjahr

Die Zeit, die der Mond für zwölf Umläufe um die Erde benötigt, wird „Mondjahr“ genannt. Ein Mondumlauf um die Erde dauert durchschnittlich 29 Tage (d) + 12 Stunden (h) + 44 Minuten (min) + 3 Sekunden (sec), also 29,5306 Tage. Leider ist die Zeitdauer eines Mondumlaufes unterschiedlich lang und schwankt innerhalb von einhundert Jahren mit plus/minus sechs Stunden um den Mittelwert. Ein Mondjahr wird mit 354 Tagen (genauer 354,367 Tage) angegeben. Mit ihm wird im Islam gerechnet.

Ein Mondjahr ist um etwa 11 Tage kürzer als unser Sonnenjahr, weshalb 33 Mondjahre etwa 32 Sonnenjahren entsprechen.

gebundenes Mondjahr

Um die Länge des Mondjahres der größeren Länge des Sonnenjahres anzupassen, wurden mancherorts Schaltzeiten dazu addiert. Das an den Sonnenlauf angebundene und dadurch korrigierte „gebundene Mondjahr“ wurde Lunisolarjahr (luna = Mond, sol = Sonne, lat.) genannt. In Babylonien, dem heutigen Irak (seit ***Hammurabi*** 1729–1686 v. Chr.), in Griechenland (seit 500 v. Chr.) und in China wurde mit dem Lunisolarjahr gerechnet. 432 v. Chr. berechnete man einen Zyklus, der pro Jahr nur 30 min. vom heutigen Wert abwich.

In China wurde seit 1400 v. Chr. (vielleicht schon seit 2000 v. Chr.) das an den Sonnenlauf gebundene Jahr in 12 oder 13 Monate eingeteilt. Deshalb dauerte ein Jahr entweder 353 bis 355 oder 383 bis 385 Tage. In 19 Jahren gab es 12 kurze und 7 lange Jahre.

Die Babylonier zählten um 1700 v. Chr. 5 Jahre mit 12 Mondmonaten (= 354 d) + 3 Jahre mit 13 Mondmonaten (= 384 d) als Zeitausgleich. Im Mittel ergab dies über acht Jahre eine Jahresdauer von 365,4 Tagen.

Die Juden, aber auch ein Teil der Griechen, übernahmen diese Methode in abgewandelter Form. Die große israelische Zeitung „Jerusalem Post" nennt noch 1999 drei Kalenderdaten: Das jüdische, das in Europa gültige gregorianische und das muslimische Datum.

Olympiaden

In Griechenland gab es mehrere Kalender. Allein Athen hatte zwei Jahresberechnungen: Das Regierungsjahr mit 366 Tagen und das bürgerliche Mondjahr mit 354 Tagen. Zur Angleichung wurde das bürgerliche Jahr periodisch wechselnd um einen Monat verlängert. Ab 300 v. Chr. wurde in vier Jahre umfassenden „Olympiaden" gezählt, wobei mit dem Jahr 776 v. Chr. begonnen wurde. Das 3. Jahr der 70. Olympiade ist das 69 x 4 + 3 = 279. Jahr; es entsprach dem Jahr 497 v. Chr. (776 – 279 = 497).

Sternenjahr

Ein Sternenjahr (siderisches Jahr) zählt die Zeit, die vergeht, bis die Sonne wieder beim gleichen Fixstern steht. Es dauert 365,25636 mittlere Sonnentage. Wegen der ungleichen Geschwindigkeit in der Ekliptik (= Sonnenbahn) sind die Sonnentage nicht gleich lang.

Weil sich die Erdrotation verlangsamt, wird sich die Zeitspanne eines Jahres über sehr lange Zeiten jeweils um einen Tag verlängern. Derzeit soll sich die Erdumkreisung um die Sonne ca. eine Sekunde in 100 Jahren verlangsamen. Dies bedeutet, dass das Jahr in 8,6 Mio. Jahren einen Tag länger dauern wird. Andere Quellen meinen, die Verlängerung um einen Tag sei „schon" in 700000 Jahren erreicht.

Nilschwelle

In Ägypten wurde um 2780 v. Chr. mit dem Sonnenjahr gerechnet. Die für die ägyptische Landwirtschaft lebenswichtige Überflutung durch den Nil war vermutlich der Grund für diese Zeiteinteilung. Die „Nilschwelle" kehrte alle 365 Tage wieder. Wenn der Monsunregen im Sommer in Abessinien und Zentralafrika am oberen Lauf des Nils niederging, dann stiegen etwas später (Mitte Juli) die Fluten des Nils über seine Ufer. Wasser und fruchtbarer, frischer Boden versorgte die Felder und sicherte gute Ernten. In dieser Zeit ging der Stern „Sirius" auf. Sirius ist der hellste Fixstern im Sternbild „Großer Hund". Der Stern Sirius wurde von den Ägyptern mit der Göttin Sopdet gleich gesetzt, von den Griechen Sothis genannt. Sirius ist rund 9 Mio. Lichtjahre von der Erde entfernt und leuchtet bei gleicher Entfernung zwanzigmal heller als die Sonne.

Ein Nil-Jahr hatte 365 Tage, weshalb der Sirius-Aufgang alle Tage des Jahres im Laufe von (365 x 4 =) 1460 Jahren durchlief. Das Niljahr bestand aus 12 Monaten mit je 30 Tagen + 5 Festtagen für die Götter. 238 v. Chr. versuchte der Pharao ***Ptolemaios III.*** (284, 246–221 v. Chr.) in einer Kalenderreform (Dekret von Kanopus) das Niljahr exakt dem Sothiskalender anzupassen, indem er alle vier Jahre einen Schalttag einlegte. Das Jahr sollte Mitte Juli, an Sirius beginnen. Es war eingeteilt in 12 Monate à 30 Tage + 5 Zusatztage + 1 Schalttag alle 4 Jahre. Es hätte damit eine extrem hohe Genauigkeit gehabt.

Sothiskalender

Die ägyptische Priesterschaft verhinderte das Vorhaben von ***Ptolemaios***. Der berühmte römische Feldherr ***Caesar*** (100–44 v. Chr.) verwendete das Dekret bei seiner julianischen Kalenderreform. ***Ptolemaios*** entstammte einem griechischen Geschlecht, welches das Erbe der Herrschaft von ***Alexander*** dem Großen (356–323 v. Chr.) in Ägypten antrat.

Römische Republik

Das republikanische Rom (509 bis 27 v. Chr.) orientierte sich bis 45 v. Chr. am Mond. Das Jahr hatte 12 Monate mit 29,5 Tagen = 354 Tage. Zur Angleichung wurde alle zwei Jahre ein weiterer Monat mit 22 Tagen oder 23 Tagen (mit Schalttag) an den Jahresschluss Ende Februar angehängt. Für diesen 13. Monat wurden dieselben monatlichen Steuern erhoben, wie für „normale" Monate. Darauf sei die Furcht vor der „Unglückszahl" 13 zurückzuführen, weil es zum Fürchten ist, wenn für 22 Tage so viel Steuern wie für 29 Tage zu zahlen sind.

Unglückszahl 13

Der römische Kaieser Julius ***Caesar*** (100–44 v. Chr.) reformierte schließlich den unzuverlässigen römischen Kalender im Jahr 46 v. Chr. und setzte am 1.1.45 v. Chr. einen neuen Kalender in Kraft. Sein Ratgeber war der Alexandriner ***Sosigenes***. Um den alten römischen Kalender mit dem Verlauf der Jahreszeiten in Einklang zu bringen, fügte Caesar zuvor 90 zusätzliche Tage ein.

Julianischer Kalender

Bei dem nach ***Caesar*** benannten ***Julianischen*** Kalender dauerte das Jahr wegen seines vierjährigen Schalttages 365,25 Tage. Weil das Sonnenjahr jedoch 365,2422 Tage lang ist, dauerte ein julianisches Jahr 11 Minuten und 14 Sekunden zu lang. Nach 128 Jahren wich der julianische Kalender um einen Tag vom Sonnenjahrkalender ab. Um dies zu korrigieren, gab es im 16. Jahrhundert eine neue Kalenderreform. Es wäre ein gewaltiges Wunder, wenn jede Regierungsanordnung nur alle eineinhalbtausend Jahre reformiert werden müsste.

Gaius Julius Caesar (100–44 v. Chr.)

Aus Funden von Qumran wird geschlossen, dass die jüdische Glaubensgemeinschaft der Essener (zu denen vermutlich auch Jesus gehörte) das Jahr in 364 Tage geteilt hatten, jedes Vierteljahr in 91 Tage = zwei Monate mit 30 und ein Monat mit 31 Tagen. Weil 91 Tage durch sieben teilbar sind, begann jedes Vierteljahr mit demselben Wochentag (einem Mittwoch).

Der persische Astronom Omar ***Chaiam*** (1050–1123) entwickelte einen sehr genauen Kalender, der ab 1079 gelten sollte. Der Kalender besaß acht Schaltjahre innerhalb von 33 Jahren und kam auf eine mittlere Jahreslänge von 365,24221 Tagen. Trotz seiner großen Genauigkeit fand der Kalender keine Verbreitung. Der Revolutionskalender in Frankreich, der dort von 1792 bis 1805 in Gebrauch war, gründete auf diesen Berechnungen.

Weil der julianische Kalender elf Minuten plus 14 Sekunden länger als das Sonnenjahr war, summierte sich diese Differenz im Jahre 1582 auf 12 bis 13 Tage (rund ein Tag je 128 Jahre). Papst ***Gregor XIII.*** (1502, 1572–85) holte ein Gelehrtengutachten ein, an dem auch der Astronom ***Kopernikus*** (1473–1543) beteiligt war. ***Gregor*** reformiert im Jahre 1582 den Kalender, indem er zehn Tage ausfallen lässt, dem 4.10. folgte unmittelbar der 15.10.1582. Je nach Betrachtungsweise hätte Gregor damals auch 13 Tage ausfallen lassen können, um den jahreszeitlichen Zustand zur Zeit der Reform von Caesar wieder herzustellen, dann wäre die Wintersonnwende heute am 24.12.

Gregor reduzierte die Zahl der Schalttage um drei in 400 Jahren: Jahrhundertjahre sind nur dann Schaltjahre, wenn die Zahl aus den ersten zwei Ziffern durch vier teilbar ist. Deshalb war das Jahr 2000 ein Schaltjahr (20 : 4 = 5), während das Jahr 2100 kein Schaltjahr sein wird (21 ist durch 4 nicht teilbar). Der gregorianische Kalender weicht nur noch 26 Sekunden je Jahr vom Sonnenjahrkalender ab. Diese Methode wird erst in ca. 3300 Jahren (um das Jahr 5000) zu einem Tag zu viel führen.

gregorianischer Kalender

Von den Anhängern der alten Zeiteinteilung wurde Papst Gregor damals vorgeworfen, er würde den Menschen zehn Tage ihres kurzen Erdendaseins stehlen, die armen Zugvögel täuschen und Jesus über den Termin des Jüngsten Gerichts verwirren. Die katholischen Staaten übernahmen 1582 den ***Gregorianischen*** Kalender. Die meisten protestantischen Staaten schlossen sich erst um 1700 der neuen Zeitrechnung an. England wechselte 1752, Schweden 1753 den Kalender.

In Russland wurde bis 1923 nach der auf ***Caesar*** zurückgehenden Zeiteinteilung gezählt. Deshalb fand die russische Revolution 1917 am julianischen 25. Oktober statt, obgleich

Papst Gregor XIII. (1502–1585), zeitgenössischer Kupferstich.

das Ereignis für die übrige westliche Welt am gregorianischen 7. November 1917 geschah. Noch heute benützt die russisch-orthodoxe Kirche den julianischen Kalender. China übernahm 1911 und Griechenland 1923 die gregorianische Zeiteinteilung.

andere Jahreseinteilungen

Immer wieder wurden andere Jahreseinteilungen vorgeschlagen. ***J.H. Mädler*** (1836, Universität Dorpat, heute Tartu in Estland) wollte 31 Schaltjahre auf 128 Jahre verteilen, womit die Jahreslänge 365,2422 Tage betragen hätte. Der jugoslawische Astronom ***Milankovic*** schlug 1922 eine Änderung im Kalender vor, der ihn ebenfalls ein klein wenig genauer gemacht hätte.

Die Vereinten Nationen

Die Vereinten Nationen befassen sich seit 1956 gelegentlich mit dem Kalender. Sie prüften 1992 einen Vorschlag des Franzosen ***M. Armelin***, das Jahr in vier Quartale zu je 91 Tagen mit je drei Monaten (= 12 Monate je Jahr) einzuteilen. Der erste Quartalsmonat sollte 31 Tage, die übrigen 30 Tage umfassen (= 364 Tage). Der Zeitausgleich hätte jährlich durch einen oder zwei Schalttage in der Jahresmitte erfolgen sollen. In diesem Kalender hätte jedes Quartal mit einem Sonntag begonnen und jeder Monat enthielt 26 Werktage. Wochentage und Monatstage waren gleichgeschaltet.
Der Italiener ***M. Mastrofini*** sah 13 Monate mit je 28 Tagen vor (= 364 Tage), zusätzlich ein oder zwei Schalttage.

Der Nullpunkt der Zeitachse

Christen

Was soll den Anfang der Zeitrechnung darstellen? Christen zählten zeitweise die Jahre beginnend mit dem Regierungsantritt von Gajus Aurelius Valerius ***Diokletian*** am 17.11.284 n. Chr., weil der römische Kaiser Diokletian (239–313) die andere Götter nicht akzeptierenden, monotheistischen Christen verfolgen ließ: ab der „Aera martyrum". ***Galerius*** (250–311), der Schwiegersohn von Diokletian, verwies die Christen aus dem Heer und vollzog mit Härte ein am 3.2.303 erlassenes Edikt gegen das Christentum.

koptische Kirche

Die koptische Kirche in Ägypten rechnet noch heute mit dem 29. August 284 als Zeitbeginn. Der 29. August war damals Neujahr im koptischen Kalender. Der Jahresanfang wurde beibehalten, die Zählung begann neu. Die koptische (= ägyptische) Kirche ist eine seit dem Jahr 62 bestehende christliche Glaubensgemeinschaft.

Geburtsdatum Jesu

Der aus dem südosteuropäischen Gebiet um das Schwarze Meer stammende skythische Gelehrte und Abt ***Dionysius Exiguus*** (etwa 500–545) wollte, dass die moderne Zählung der Jahre vom Geburtsdatum Jesu ausgeht: ab „incarnatione Domini" (seit der Fleischwerdung des Herrn). Er berechnete die Geburt von Jesus auf das Jahr 753 alter römischer Zeitrechnung („ab urbe condita" = seit Gründung der Stadt Rom) durch Latiner und Sabiner.

Weil damals im römisch-christlichen Raum mit römischen Ziffern gerechnet wurde und diese keine Null kannten, wurde Jesus rechnerisch als einjähriger Knabe geboren. Wegen des fehlenden Jahres null in der christlich geprägten Zeitrechnung ist nach unserer Jahresangabe n. Chr. die Zeitangabe tatsächlich immer erst am Ende eines Jahres erreicht. Das 1000. Jahr war somit erst am 31.12.1000 erreicht, ebenso waren erst am 31.12.2000 die ersten zweitausend Jahre nach dieser Zeitrechnung vorüber und das 3. Jahrtausend begann folglich am 1.1.2001.

Augustus

Herodes (Matthäus 2, V.1) lebte vom Jahr 73 bis 4 v. Chr. Er war König von Roms Gnaden seit 40 v. Chr. und ist im Jahre 4 v. Chr. gestorben. ***Augustus*** (63 v. Chr.–14 n. Chr.), der erste römische Kaiser, führte drei Volkszählungen durch. Sie waren die Grundlage des römischen Steuerzensus zur Erhebung von Kopf- und Grundsteuern. Welche Zählung ist bei Lukas gemeint (Lukas 2 V.1)? Der römische Senator P. Sulpicius ***Quirinius*** war im Jahre 6–7 n. Chr. römischer Statthalter und führte (im Jahre 6 ?) eine Volkszählung (Census) durch (Cyrenius, Lukas 2 V.2). Den Bericht erstattenden Aposteln waren geschichtliche Tatsachen gegenüber der religiösen Botschaft wenig bedeutend.

Stern von Bethlehem

Mit dem Stern von Bethlehem (Matthäus 2, V.2) ist möglicherweise das dreimalige optische „Zusammentreffen“ der

Kaiser Augustus
(63 v. Chr.–14 n. Chr.)

Planeten Saturn und Jupiter im Jahre 7 v. Chr. gemeint. Diese „große Konjunktion“ von Jupiter (dem Glück bringenden Stern) und Saturn (dem Stern der Juden) fand am 29. Mai, am 29. September und am 4. Dezember des Jahres 7 v. Chr. statt. Eine Konjunktion (Gleichschein) ergibt sich, wenn die Planeten auf ihren Bahnen so stehen, dass es von der Erde aus scheint, als stünden sie direkt hintereinander.

große Konjunktion

Diskutiert wird auch, ob mit der Erzählung ein 5 v. Chr. zu sehender Komet oder eine 4 v. Chr. datierte Sternenexplosion, eine Nova, gemeint sein kann. Sicher ist am Ganzen, dass die Überlieferungen in ihrer Zusammenfassung ungenau sind. Somit ist unklar, wann Jesus tatsächlich geboren wurde und der Maßstab unserer Datierung „nach Christi Geburt“ ist wörtlich genommen falsch.

Der Begriff „Ära“ soll auf den Amtsbeginn von Augustus hinweisen bzw. die Regierungszeit eines römischen Kaisers umfassen. Heute wird Ära für jeden „Zeitabschnitt“ verwendet. Ära = aera setze sich aus den ersten Buchstaben zusammen von „ab exordio regnio Augusti“ (vom Beginn der Herrschaft des Augustus).

Ära

Aufgrund der Berechnungen von ***Dionysius Exiguus*** (†545) wurde eine Tabelle geschaffen, aus der über einen längeren Zeitraum das Datum der beweglichen Feste zu ersehen war.

Ostertafel

Diese Tabelle wurde „Ostertafel" genannt und war ab dem Jahr 525 Grundlage der neuen Zeitrechnung. Obwohl bald entdeckt wurde, dass sich Exiguus (um 7 Jahre?) verrechnet hatte, wurde der festgelegte Nullpunkt der Zeitachse beibehalten. Erst im Fränkischen Reich um 800 wurde diese Zeitrechnung im öffentlich-staatlichen Leben (und damit offiziell) eingeführt. Richtig durchgesetzt hat sie sich zunehmend nach dem Jahre 1000.

Ein normaler Europäer kümmerte sich bis um das Jahr 1700 noch kaum um den Jahrhundertwechsel. Zwar rief Papst ***Bonifatius VIII.*** (1235, 1294–1303) im Jahr 1300 erstmals ein „Heiliges Jahr" aus, aber säkulare Bedeutung bekamen die runden Jahreszahlen mit zwei Nullen erst ab 1800. Wegen des mathematischen Streites um den richtigen Zeitpunkt verordnete der deutsche Kaiser Wilhelm II. den 1.1.1900 als den „richtigen" Beginn des 20. Jahrhunderts. Auch das 3. Jahrtausend begann korrekter Weise erst am 1.1.2001, obgleich es schon am 1.1.2000 mit großen Festen begrüßt wurde.

jüdischer Kalender

Der jüdische Kalender zählt vom „Schöpfungsdatum" aus, welches am 7.10.3761 v. Chr. gewesen sein soll. Die Zählung wurde erst um das Jahr 1000 n. Chr. eingeführt. Der auch bei Christen übliche gute „Rutsch" hat seine sprachliche Wurzel im „Rosch Haschana" (= Kopf des Jahres), dem hebräischen Begriff für den Jahresanfang.

Eine in den USA existierende Sekte der Kreationisten (creare = erschaffen) hält das Jahr 4004 v. Chr. für das Schöpfungsdatum. Die Sekte glaubt an die wörtliche Wahrheit der Bibel. Die Berechnung des Datums geht auf den irischen Bischof J. ***Ussher*** im Jahre 1650 zurück.

russisch-orthodoxe Kirche

Die russisch-orthodoxe Kirche übernahm eine Zählung ab „Erschaffung der Welt“ und setzte den Schöpfungstag auf den 1.9.5509 v. Chr. Erst der russische Zar ***Peter*** der Große (1672–1725) ordnete 1724 die Zeitrechnung ab Christi Geburt an.

buddhistische Zeitrechnung

Die buddhistische Zeitrechnung beginnt im Jahre 483 v. Chr., dem vermutlichen Sterbejahr Buddhas. Siddharta Gautama wurde um das Jahr 563 v. Chr. in Kapilawastu (Nepal) geboren. Er starb in einem Kloster.

islamischer Kalender

Der islamische Kalender beginnt mit der „Hidschra“ (Hidjra) genannten Flucht des Propheten ***Mohammed*** (570–632) von Mekka nach Medina am 15. oder 16. Juli 622. Die Jahreszahl bekommt den Zusatz a.h. (anno hegirae). Weil man Mondjahre zählt, dauern 100 Hidschra-Jahre nur 97 Jahre. Der Jahresanfang wandert einmal in 33 Jahren durch alle Jahreszeiten. Von Mohammeds zweitem Nachfolger, dem Kalif ***Omar*** (634–644) stammt das islamische Verfahren der Zeitgliederung. In der Türkei war diese Zeitrechnung bis 1927 gültig.

Französische Revolution

Die Französische Revolution begann mit der Zeitrechnung ab dem 22.9.1792 (dem Beginn der Republik). Diese Einteilung war nur 23 Jahre lang gültig, bis Ende 1805. Am 1.1.1806 kehrte ***Napoleon*** (1769–1821, Kaiser von 1804–1815) zum gregorianischen Kalender zurück.

China

In China soll die Zählung mit dem 15. Februar 2636 v. Chr. begonnen haben. Der Legende nach hat damals ein Kaiser Huangdi, das heißt „erhabener Herrscher", den Kalender erfunden. Seit dem Jahr 1300 v. Chr. wird mit dem Kalender gerechnet. Allerdings zählen Chinesen nicht die Jahre numerisch durch, sondern benennen sie nach zwölf Tieren und bestimmten Symbolen. So entstehen Zyklen von jeweils 60 Jahren. Die Namen bedeutender Herrscher bezeichnen die 60-jährigen Epochen.

Japan

In Japan begann mit jeder Kaiserkrönung eine neue Zeitrechnung (in Regierungsjahren).

Indien

In Indien gab es noch im 20. Jahrhundert rund 30 verschiedene Kalender. Um das Jahr 1957 wurde versucht, diese auf eine Regelung zu vereinigen. Die Saka-Zählung begann etwa ab dem Jahr 78.

Die Maja in Mittelamerika sollen ihre Zeit ab dem 6. September 3114 v. Chr. gezählt haben.

Der Nullpunkt im Jahresverlauf

729 mal stehen im Jahr beide Zeiger einer Uhr auf der 12 und es tut sich nichts. Nur beim 730. Mal knallen die Feuerwerke. Auch dieser besondere Tag ist im Laufe der Geschichte zu verschiedenen Jahreszeiten begangen und gefeiert worden.

Wichtige Orientierungspunkte für die zeitliche Gliederung eines Jahres waren die Sonnwenden (Solstitien) um den 21. Dezember bzw. 21. Juni und die Tag- und Nachtgleichen (Äquinoktien) um den 20. März bzw. 22. September.

Sonnwenden

Im alten chinesischen Kalender begann das neue Jahr gut einen Monat nach der Wintersonnwende, weil diese immer im 11. Monat des Jahres lag.

Das attische (griechische) Jahr begann am ersten Neumond nach der Sommersonnwende, also meistens Anfang Juli.

Das jüdische Neujahr liegt zwischen dem 5. September und 5. Oktober. Das religiöse Jahr beginnt hingegen im März oder April.

1. März

Im republikanischen Rom war der 1. März der Jahresbeginn, weil an diesem Tag die gewählten Konsuln ihren Dienst begannen. Wegen eines Spanienkrieges wurde die Wahl im Jahre 153 v. Chr. auf den 1. Januar vorverlegt und so bürgerte sich allmählich dieser Tag als Jahresanfang ein. Mit der Reform durch ***Caesar*** im Jahr 45 v. Chr. wurde der 1. Januar endgültig zum Jahresbeginn im römischen Imperium.

Im Fränkischen Reich bis um das Jahr 800 blieb der 1. März als Jahresanfang gebräuchlich. In Russland wurde bis um 1300 so datiert und im Stadtstaat Venedig bis 1797.

6. Januar Die ersten Christen feierten den Jahresbeginn am 6. Januar, weil Christen diesen Tag für den Geburtstag von Jesus, später für den Tauftag von Jesus hielten. Die Tage „zwischen den Jahren", zwischen dem neuen (25. Dezember) und dem alten Geburtstag (6. Januar) Jesu, zwischen dem alten und dem neuen Neujahrsfest, umfassten 12 Lostage. Auf einer Synode in Tours wurde diese Zeit als „Festzeit" anerkannt. Mancherorts durfte an diesen Tagen keinerlei Arbeit verrichtet werden.

In China beginnt das Jahr rund sechs bis zehn Wochen nach der Wintersonnwende, weil sich die Wintersonnwende immer im elften Monat eines Jahres befindet.

Ostern In einigen Gegenden begann das Jahr zu Ostern (Osterstil). Das sich damit jährlich wechselnde Datum war ungünstig, weil sich so verschieden lange Jahre ergaben. Das jüdische Passah-Fest am ersten Vollmond des Frühlings wurde zum christlichen Ostern. Es kann vom 22. März bis 25. April wechseln. Bis 1500 wurde vielerorts in Europa der Jahresbeginn an Ostern gefeiert, in Teilen Frankreichs bis 1564.

Im Deutschen Reich betrachteten kaiserliche Kanzleien von etwa 800 bis in das Jahr 1564 Weihnachten als Neujahrstag (Nativitätsstil).

Weihnachten

Andere sahen in der Empfängnis von Maria, neun Monate vor dem 25. Dezember, also am 25. März, den Neujahrstag. Der 25. März „Mariä Verkündigung“ war um das Jahr 800 ein im katholischen Europa häufiger Jahresanfang. In Italien mit seinem ausgeprägten Marienkult, in Spanien und in der Kirchenprovinz von Trier (Stilus Trevirensis bis 1648) hielt sich dieser Termin lange. In England war dieses Datum von 1100 bis zum 25. März 1752 der amtliche Jahresbeginn.

25. März

Der Frühjahrspunkt, die Tag- und Nachtgleiche um den 21. März, wurde bei der indischen Kalenderreform von 1957 verwendet. Der Jahresbeginn wurde auf den 22. März 1957 gelegt. Das Jahr entsprach dem Jahr 1879 der alten indischen Saka-Zählung (78 Jahre Unterschied).

In Byzanz (Konstantinopel) und in südlichen Teilen Russlands wurde der 1. September als Neujahrstag begangen. Dies hielt sich bis etwa 1700. Auch die koptische Kirche feierte den Jahresbeginn um den 1. September.

1. September

Im Mittelalter standen sechs Jahresanfänge nebeneinander. Der aus dem heidnischen Rom kommende 1. Januar setzte sich nur allmählich durch. Erst nach 1564 wird der 1. Januar als Jahresbeginn in den kaiserlichen Kanzleien verbindlich

1. Januar

verwendet. Weil Kaiser ***Karl IX.*** (1550, 1560–1574) 1564 Neujahr vom April auf den 1. Januar verlegte, seien damals Menschen, welche auf die am Jahreswechsel üblichen Geschenke warteten, erstmals „in den April" geschickt, also gefoppt worden.

Die päpstlichen Kanzleien folgten der kaiserlichen Regelung ab 1621 und verbindlich festgelegt wurde sie schließlich 1691 durch Papst ***Innozenz XII.*** (1615, 1691–1700).

Die Monate

Möglicherweise entwickelte sich der Begriff Monat aus Mond. Denn die Zu- und Abnahme des Mondes gab eine jedermann sichtbare zeitliche Gliederung. Der Monat begann mit dem Tag, an dem nach Neumond zum ersten Mal wieder der erste kleine Spalt der Mondsichel zu sehen war.

Mondumlauf

Ein synodischer Monat = ein Mondmonat, das ist die Zeit zwischen zwei Neumonden, dauert im Mittel 29 d + 12 h + 44 min + 3 sec = 29,5306 Tage. Leider dauert ein Mondumlauf unterschiedlich lang und schwankt innerhalb von einhundert Jahren mit plus/minus sechs Stunden um den Mittelwert.

Im republikanischen Rom wurde das Jahr in 12 Monate unterteilt. Der Decembris (= zehn) steht für den 10. Monat, da Januar und Februar der 11. und 12. Monat waren. Die Namen September (= der Siebente), Oktober (= der Achte), November (= der Neunte) stammen noch aus dieser Einteilung. Die zwölf Monate besaßen 29 bis 31 Tage: Der Februar hatte 29 bzw. 30 Tage, die Monate März, Mai, Juli, September, November und Januar je 31, alle übrigen Monate dauerten 30 Tage.

Augustus

43 v. Chr. wird der 5. Monat Quinctilis (= der Fünfte) zu Ehren von Julius ***Caesar*** in Juli(us) umbenannt. Auch ***Augustus*** (63 v. Chr.–14 n. Chr.) setzte eine solche Ehrung durch und ließ den 6. Monat Sixtilis in „August“ umtaufen. Gleichzeitig verlängerte er den nach ihm benannten Monat August auf 31 Tage und kürzte dafür den Februar nochmals um einen Tag. Ohne diese Verlängerung wäre der nach seinem Großonkel und Adoptivvater Julius Caesar benannte Juli länger als „sein“ Monat August gewesen.

Die römischen Monatstage wurden an drei festen Punkten orientiert: Dem Monatsersten (Kalendae), dem 5. bzw. 7. (Nonae) und dem 13. bzw. 15. Tag (Iden). An den Iden war Vollmond. Die anderen Tage wurden rückwärts vom kommenden Orientierungstag aus gezählt (+ 2, weil beide Grenztage mitgezählt wurden, z. B. der 3. vor den Kalenden des April ist der 30.3.) Weil am 1. des Monats die Schuldzinsen fällig waren, hieß er auch „Calendae tristeses".

Auch die Germanen verwendeten den Mond als Maß für einen Monat.

Einige mittelamerikanische Kulturen sollen das Jahr in 18 Monate zu je 20 Tagen plus fünf Schalttage geteilt haben.

Die Woche und der Tag

Möglicherweise entstand die Woche durch die Teilung der Mondphasen in vier zeitgleiche Abschnitte. Jedenfalls kannten schon die Babylonier (um 1800 v. Chr.) eine siebentägige Woche. Die Juden übernahmen dieses Wochenmaß.

Die ägyptische Woche umfasste zehn Tage, weshalb drei Wochen einen Monat ergaben. Der Tag war in zehn Stunden à 100 Minuten à 100 Sekunden eingeteilt, weshalb eine ägyptische Sekunde nur 0,864 Sekunden dauerte.

Die römische Woche hatte acht Tage. Noch heute wird oft von „8 Tagen" gesprochen, wenn wir eine Woche meinen.

7-Tage-Woche

Die aus dem Orient stammende 7-Tage-Woche fand erst um 200 n. Chr. im Römischen Reich allgemeine Geltung. Gott „ruhte am siebten Tage von allen seinen Werken, die er machte.“ (1. Mose 2, Vers 2). Dieser siebte Tag hieß später Sabbat. An ihm ruhte alle Arbeit, auch für Sklaven, Fremde und Tiere. Der Sabbat (Samstag) war somit der letzte Tag einer Woche.

Sieben Sterne

Sieben wandernde Sterne waren den Menschen schon früh bekannt: Sonne (Sonntag), Mond (Montag), Mars (Dienstag, mardi), Merkur (Mittwoch, mercredi), Jupiter (Donnerstag, jeudi), Venus (Freitag, vendredi) und Saturn (Samstag, saturday). Jedem Stern wurde ein Wochentag zugewiesen.

Möglicherweise hat die kultische Bedeutung der Zahl sieben in diesem Sachverhalt ihre Wurzel. Die Zahl beschreibt auch die maximal im Kurzzeitgedächtnis speicherbaren Informationen.

Beginn eines Tages

Das zuverlässigste, natürlich erfassbare Zeitmaß war schon immer der Tag. Der Beginn eines Tages wurde bei jenen, welche nach einem Sonnenkalender rechneten (Ägyptern) mit dem Sonnenaufgang bestimmt. Völker mit einem Mondkalender (Babylonier, Juden) ließen den Tag am Abend beginnen. So gehörte auch nach der germanischen Zeitbetrachtung die Nacht zum folgenden Tag und der Tag endete mit der einbrechenden Nacht. Heute legen wir den Tagesbeginn auf Mitternacht fest.

In Indien wurde der Tag in 60 gleiche Teile unterteilt (je 24 Minuten). Dieser Zeitabschnitt wurde erneut in 60 Teile geteilt (24 Sekunden). Die Teilung mit 60 wiederholte sich noch zweimal, sodass die kleinste Einheit 0,0067 Sekunden dauerte.

24 Stunden Die Gliederung eines Tages in 24 gleich lange Stunden setzte sich erst mit der Erfindung der mechanischen Uhr (um das Jahr 1300) durch. Wasseruhren und Sanduhren waren die Vorgänger der mechanischen Uhrwerke. Auch sie ermöglichten eine konstante zeitliche Gliederung. Meist halfen jedoch Sonnenuhren bei der tageszeitlichen Orientierung.

Ein Tag wurde in 12 Stunden Tag und 12 Stunden Nacht gegliedert. Mithilfe von Sonnenuhren konnten die 12 Stunden am Tag für jedermann sichtbar eingeteilt werden. Weil aber je nach Jahreszeit Tag und Nacht unterschiedlich lang sind, waren auch die Stunden verschieden lang: Eine Tagesstunde war im Hochsommer länger als im Winter.

Literatur

GROTEFEND, H. (1891–98): Taschenbuch der Zeitrechnung. Nachdruck 1971.

Sonntag, der wöchentliche Feiertag

Der Sonntag ist ein der Sonne geweihter Tag. Die Sonne galt in vielen Kulturen als besonders wichtiger Stern. Viele Herrscher führten ihre Macht auf die Sonne zurück.

Etwa um 2500 v. Chr. soll sich in Ägypten der Kult um den Sonnengott Re entwickelt haben. Die Sonne soll täglich auf einem Schiff, einer Barke, den Himmel überqueren. Der ägyptische Pharao ***Amenhotep IV.*** (1370–1352 v. Chr.) war ein monotheistischer Anhänger des Sonnengottes Aton. Er nannte sich Echnaton = „es gefällt dem Aton“.

Sonnenkult

Sonnenkulte sind von der griechischen Insel Rhodos bekannt. Auf Malta gab es zur Sonne ausgerichtete Tempel.

Im germanischen Glauben soll sich die goldene Sonnenscheibe in einem von Pferden gezogenen Wagen befinden. Dies kann aus einer Bronzeplastik gefolgert werden, welche bei Trundholm (Seeland, Dänemark) gefunden wurde und etwa um 1100 v. Chr. entstand.

Die Herrscher der südamerikanischen Inka gründeten ihren Machtanspruch auf ihre Abstammung vom Sonnengott Inti.

Sonnengöttin Amaterasu

Die Dynastie des japanischen Kaiserhauses führte ihre Herkunft auf die Sonnengöttin Amaterasu zurück. Der erste Tenno sei ein Enkel der Sonnengöttin gewesen. Dies wurde mit dem aus der Natur- und Ahnenverehrung bestehenden Shintoismus, der japanischen Urreligion, begründet. Erst nach dem militärischen Sieg der USA über Japan wurde 1946 diese Behauptung vom japanischen Kaiser als nicht wahr zugegeben.

Nach der Kreuzigung Jesu soll sich zur sechsten Stunde (um die Mittagszeit) der Himmel verdunkelt haben und eine Finsternis über das Land hereingebrochen sein (Matthäus 27, V.45). Wenn sich die Sonne verdunkelt, zieht sich Gott zurück!

Sol invictus

Ein unter Kaiser ***Heliogabalus*** (204?, 218–222) begonnener Versuch, einen Sonnengott in das religiöse Zentrum Roms zu setzen, lebt unter Kaiser ***Aurelianus*** (214, 270–275) wieder auf. Der Sonnen-Kult des „Sol invictus“ (der unbesiegbaren Sonne) wird zur „Staatsreligion“ erhoben. Der Tag soll seit dem Jahre 273 ein Feiertag im Römischen Reich sein. Er sei eingerichtet worden, weil Aurelianus den militärischen Sieg über die Gegenkaiserin ***Zenobia*** (240, 271–272) in der syrischen Stadt Palmyra dem Beistand vom Sonnengott zurechnete. Ob dieser Sonnengott Mithras oder Baal hieß, scheint wenig bedeutend gewesen zu sein.

Christen feierten schon vorher am Sonntag einen Gottesdienst. Spätestens im Jahre 130 gibt es sonntägliche Treffen der christlichen Gemeinde. ***Justin*** (100–150) berichtet im Jahr 150 von Versammlungen der christlichen Gemeinde am „hemera Heliou", dem griechischen Tag der Sonne. Diese Übung wird auf den Tag der Auferstehung Jesu zurück geführt.

Auferstehung Jesu

Nach Markus (Kapitel 16, Vers 2) kamen Frauen „zum Grabe am ersten Tage der Woche sehr früh, da die Sonne aufging." Sie fanden es leer. Nach dieser Quelle fand die Auferstehung Jesu am Tag nach Sabbat statt, also am heutigen Sonntag.

Möglicherweise war es eine Reaktion auf das Verbot des römischen Kaisers ***Hadrian*** (?, 117–138), der im Jahr 132 verbot, den jüdischen Sabbat zu feiern. Vielleicht war es auch der Versuch, sich vom Judentum abzugrenzen.

Der Tag nach Sabbat (Samstag) wurde für Christen ein Feiertag. Es war der Sonntag, der „dies dominicus", der Tag des Herrn (lat. dominus = Herr). Im französischen „dimanche" für Sonntag ist der „Herrentag" noch zu finden. Im Jahre 312 wurde der Sonntag zum Gerichtstag erklärt.

der Tag des Herrn

Der römische Kaiser ***Konstantin*** (280, 306–337) soll am 3. März 321 in einem „Sonntagsgesetz" diesen Tag zum arbeitsfreien Feiertag bestimmt haben. Am Sonntag sollte alle Arbeit ruhen. Lediglich Bauern durften – soweit es wegen des Wetters notwendig war – an diesem Tag arbeiten. Am 7. August 389 beschlossen der weströmische Kaiser ***Valentinian II.*** (371, 375–392) und der oströmische Kaiser ***Theodosius*** der Große (347, 379–395) ein gemeinsames Gesetz zu den Feiertagen, welches für beide Reiche galt. Es bestätigte den Sonntag, regelte weitere Feiertage wie Ostern oder die kaiserlichen Geburtstage.

Weil in der Bibel der Samstag Feiertag ist, feiern sowohl Juden wie Adventisten noch heute am Samstag. Weltweit hat sich jedoch der Sonntag durchgesetzt.

Geburtstag, Namenstag

Die Menschen im alten Griechenland glaubten, bei der Geburt sei ein Geist anwesend, der von da an das Leben des neuen Erdenbürgers begleite oder überwache. Diese Beziehung kommt im „Schutzengel" noch heute zum Ausdruck. Auch in römischer Zeit gab es eine solche Vorstellung.

Schutzengel

Menschen im Altertum feierten den Geburtstag mit kultischem Aufwand, galt es doch, die durch das Leben begleitenden Geister günstig zu stimmen. Geburtstage von Mächtigen (Pharao, Imperator) wurden mit öffentlichen Festgelagen, mit Zirkusspielen und Tierhetzen begangen.

Artemis ist für die alten Griechen die Göttin der Jagd, Beschützerin des Wildes, der Fruchtbarkeit und des Mondes. Griechen stellten am monatlichen Geburtstag der Göttin (am 6. Tag eines Monats) auf den Opferaltar der Göttin Artemis Honigkuchen, die rund wie der Vollmond waren. Die Kuchen waren mit brennenden Kerzen geschmückt. Mit diesem Opfer sollten magische Kräfte aktiviert werden, welche vorgetragene Wünsche in Erfüllung gehen lassen.

Kuchen mit brennenden Kerzen

In der Bibel wird kein Fall einer jüdischen Geburtstagsfeier erwähnt. Der Geburtstag von Jesus ist unbekannt. Dieser

„Geburtstag“ (Holzstich, 19. Jahrhundert)

jüdische Kult wird von den Christen übernommen. Die alte christliche Kirche lehnte das Feiern von Geburtstagen ab. Von ***Origenes*** (185–253) soll folgende Missbilligung der Geburtstagsfeier stammen: Von „keiner der heiligen Personen, die in den Schriften erwähnt werden,“ ist bekannt, dass sie „an ihrem Geburtstag ein Fest gefeiert oder ein großes Essen veranstaltet“ habe. „Nur Sünder feiern den Tag, an dem sie in diese Welt hineingeboren worden sind.“

keine christliche Geburtstagsfeier

Jahr und Tag der Geburt wurden deshalb nicht festgehalten und bei vielen bedeutenden Menschen der Geschichte sind diese Daten unbekannt, beispielsweise bei den Kaisern Karl dem Großen oder Barbarossa.

Heiligenkalender

Im christlichen Heiligenkalender wurde jeder Tag des Jahres einem oder mehreren Heiligen zugewiesen. Meist sind es die Todestage der Heiligen, also jene Tage, an denen sie die irdische Welt verließen, um in das himmlische Reich zu kommen. Bei der Geburt oder Taufe eines Kindes wurde oft der Name des Tagesheiligen zu einem der Namen des Kindes, z. B. wurde der am 10. November geborene und am 11. November getaufte Martin Luther auf den Tagesheiligen Martinus von Tours getauft.

nomen est omen

In dem Kult kommt der Wunsch zum Ausdruck, dass die Kraft des seinen Namen gebenden Heiligen auf den Täufling übergeht: „nomen est omen“. Das Kind wurde dem ihm seinen Namen gebenden Heiligen empfohlen. Die magische Beziehung aus dem alten griechischen Kult war auf diese Weise christlich gewandelt.

Erst im 18. Jahrhundert, möglicherweise mit der Bewunderung alter griechischer Kultur, kam in der bürgerlichen Familie das Feiern des Geburtstags allmählich wieder auf. Vor allem in evangelischen Familien wurde nach 1850 begonnen, den

Geburtstag zu feiern. In katholischen Kreisen wurde erst nach 1930 häufiger der Geburtstag gefeiert, während Feiern zum Namenstag seltener wurden.

Entsprechend dem jungen Datum des Geburtstagsfeierns entstand auch der Text zum beliebten Lied „Happy Birthday to You“ erst 1924 durch ***R.H. Coleman***. Die Melodie stammt von einem Morgenlied der Schwestern ***M.*** und ***Dr. P. Hill*** (1893).

Der 6. Januar, Erscheinungsfest, Heilige Drei Könige

Epiphanias

Der Name des Festtages Epiphanias kommt von „Erscheinung" (= epiphaneia). Epiphanias meinte die Erscheinung eines Gottes, im Römischen Reich die Erscheinung des (göttlichen) Kaisers in entfernten Provinzen.

Taufe Jesu

Vermutlich ist dieser Feiertag der christlich-gnostischen Sekte der „Basilianer" aus Ägypten zu verdanken. Diese sollen schon seit 300 n. Chr. an diesem Tag die Taufe Jesu im Jordan gefeiert haben. Die Taufe Jesu wurde von ihnen als eigentliche Zeugung und Geburt Christi verstanden. Möglicherweise fiel die Wahl auf diesen Tag, weil damals am Morgen des 7. Januar in Ägypten die Geburt des Sonnengottes Aion (Amun-Re) aus der Jungfrau Kore gefeiert wurde. Dieses Fest hat eine Wurzel in der Wintersonnwende, welche im heutigen Kalender allerdings 17 Tage früher ist.

In der frühen christlichen Kirche wurde am 6./7. Januar an mehrere Ereignisse gedacht: Der Geburt und der Taufe Jesu, der Anbetung Jesu durch die Weisen, dem Wunder der Wandlung von Wasser zu Wein (bei der Legende von der Hochzeit

Die Heiligen Drei Könige (Gemälde)

zu Kanaan, Johannes 2, V.6–10) und der wundersamen Speisung der 5000 (Johannes 6, V.1–13). Am 6. Tag der Schöpfung schuf Gott den Menschen (1. Mose 1, V.26–31). Auch diesem Ereignis wurde am 6. Tag im Jahr gedacht.

Kaspar, Melchior und Balthasar

Die „Heiligen Drei Könige" sind eine jüngere Erfindung. Im frühen Mittelalter wurden die von Matthäus (2., V.1–12) genannten „Weisen" zu Königen. Markus weiß von dieser Anbetung noch nichts. Matthäus nennt weder die Zahl drei noch die Namen der „Weisen vom Morgenland". In einem um das Jahr 500 entstandenen armenischen Märchen über die Kindheit von Jesus sei von drei Königen die Rede: Melkon aus Persien, Gaspar aus Indien und Baltassar aus Arabien. Möglicherweise sollte mit dieser Legende die Prophezeiung vom Psalm 72, V.10 zur „Wirklichkeit" werden: „Die Könige von Tharsis und auf den Inseln werden Geschenke bringen; die Könige aus Reicharabien und Seba werden Gaben zuführen." 560 ist erstmals in einem Mosaik in Ravenna die Zahl drei belegt und sind deren Namen genannt: Kaspar, Melchior und Balthasar. Um 800–900 wurde Balthasar dunkelhäutig. Allmählich wurde der Tag zum missionarisch bedeutenden Feiertag, denn erstmals beugten an diesem Tag nicht-jüdische „Heiden" ihre Knie vor Jesus.

Die sterblichen Überreste dieser nie existierenden Könige sollen im Mittelalter (um 1160) von Mailand nach Köln gebracht worden sein. Die Mailänder wollen die Reliquien um das Jahr 400 als ein Geschenk vom byzantinischen Kaiser erhalten haben.

Die drei Könige wurden zu Schutzpatronen für Reisende, Pilger und Gastwirte. Daher haben sich viele Gastwirtschaften entsprechende Namen gegeben: „Drei König", „Zum Sternen", „Zum Mohren", „Zur Krone", (oft auch ohne „zum").

Winzerstube „Drei Könige" in Markdorf.

zwölf Raunächte

Zwischen Weihnachten und dem Erscheinungsfest werden mancherorts die zwölf „Raunächte" begangen. In diesen sollen die Seelen Verstorbener erscheinen und die Zukunft sichtbar werden. Vermutlich sind es umgestaltete Reste der (vorchristlichen) Narrenzeit um die Wintersonnwende. Die römische Kirche akzeptierte auf der Synode von Tours im Jahr 567 die 12 Tage als „Festzeit". Mit diesen Tagen konnte der zeitliche Unterschied zwischen dem Mondjahr und etwa 11 Tage längeren Sonnenjahr beinahe ausgeglichen werden. Außerdem wurde der Jahresbeginn über lange Zeit je nach Ort am 25. Dezember, am 1. Januar oder am 6. Januar begonnen.

Wie wenig wichtig Fakten für unser persönliches Empfinden gegenüber solchen „Märchen" sind, zeigen die jährlich von Haustür zu Haustür wandernden „Sternensinger", welche für einen guten Zweck Geld sammeln und das Haus der besuchten Spender segnen. Sie schreiben die Buchstaben C + M + B über die Haustüre. Dies bedeutet nicht Caspar, Melchior und Balthasar, sondern „Christus Mansionem Beneficat" (Christus segne das Haus). Eine schöner Brauch.

Literatur

KRÄMER, W.; G.TRENKLER (1996): Lexikon der populären Irrtümer. Frankfurt.

Karneval, Fastnacht

Die alten Feste

Herodot (490–420 v. Chr.) berichtet von Feiern in Ägypten zur Wintersonnwende, bei denen eine mit Rädern versehene Barke (das Narrenschiff?) über Land gezogen wird. In diesem Schiff befand sich ein riesiger Stier „Apis“ (aus Holz) mit einer goldenen Sonne zwischen den Hörnern. Es war eine Feier zur Wiederauferstehung des Lebens. Steigende Börsenkurse werden heute durch einen Bullen (Stier) versinnbildlicht.

Wintersonnwende

Ähnliche Rituale um die Wintersonnwende finden sich in Babylonien (Irak, 1700 v. Chr.), in Amerika bei den Mayas und Inkas, in Asien bei den Hindus und im chinesischen Neujahrsfest.

Im alten persischen Reich wurde für fünf Tage ein „Spottkönig“ aus verurteilten Verbrechern gewählt. Dieser genoss in der kurzen Zeit königliche Privilegien einschließlich der Harems des Herrschers. Am Ende der Feiern wurde er ausgepeitscht und hingerichtet.

Dionysien

Griechen feierten die Dionysien, zu Ehren von Dionysos, dem Spender der Lebenskraft und des Sommersegens. Der Gott des Weines hieß bei den Griechen Dionysos, bei den Römern Bac-

Narrenumzug in Ehingen bei Ulm.

chus. Bacchantinnen waren die erotischen Begleiterinnen bei bacchanalisch gefeierten römischen Festen.

Saturnalien

Römer feierten ursprünglich Mitte Dezember (17. Dezember) das Fest des Gottes Saturn. Bei diesen Feierlichkeiten zur Ehre des Gottes des Ackerbaus und der Fruchtbarkeit waren alle Standesunterschiede aufgehoben. Die Festlichkeit wurde zeitweilig auf mehrere Tage ausgedehnt. Die nach dem Ende der Herbstaussaat und wenige Tage vor der winterlichen Sonnwende gefeierten Saturnalien waren „eine verrückte Jagd nach dem Glück" (***Seneca*** 4 v. Chr.–65 n. Chr.). In einer siebentägigen Feierlichkeit tauschten die Sklaven mit ihrem Herrn die Rollen. Die Sklaven saßen in vornehmer Kleidung zu Tisch und ließen sich von der Herrschaft bedienen. Die Leute maskierten sich und spielten verrückt. Ein aus den Sklaven durch Würfelspiel ausgeloster Scheinkönig regierte, der am Ende der Feier hingerichtet wurde.

Der Beginn des Januar gab Anlass für ein weiteres Fest zu Ehren des Gottes Janus, der zwei Gesichter hat.

februum
Reinigung

Ein anderer Höhepunkt der römischen Feiern fand im Februar statt (februum = Reinigungsmittel). Februar war der letzte Monat im römischen Kalenderjahr. In diesem Monat wurde das alte Jahr ausgetrieben. Dabei fand eine Prozession von mit Masken verkleideten Menschen durch die Stadt statt.

Ausschweifende Feste wurden auch um die Tag- und Nachtgleiche des Frühjahres (21. März) oder zum alten römischen Jahresbeginn im März, später (nach 45 v. Chr.) um den 1. Januar, gefeiert. Satyrn, Faune und Waldnymphen tanzten. Mit den Fellen wilder Tiere verkleidete Menschen traten dabei auf. Erotische Lieder wurden gesungen, unzüchtige Spiele gespielt. Manche tranken zu viel flüssige Rauschmittel.

Julfest

Germanen feierten das Julfest. Übermäßiges Essen, Saufen und Tanzen stimmte zu sexuellen Freuden ein: Vergnügungen die zum Erwecken des Lebens gehörten. Vermutlich falsch ist die im Jahr 1855 aufgestellte Behauptung, die Schwaben (Sueben) hätten einen Schiffswagenumzug „carrus navalis" zu Ehren der Erd- und Fruchtbarkeitsgöttin (Nerthus oder Hertha) gepflegt.

Viele heidnische Feste konnten von den christlichen Missionaren nicht wirksam unterdrückt werden. Sie wurden deshalb allmählich vom Christentum übernommen und mit christlichen Inhalten umgestaltet.

Hilfreich war bei der christlichen Übernahme des Faschings das zwischen den Jahren 413 und 426 geschaffene Zweistaaten-Modell des christlichen Kirchenlehrers Aurelius ***Augustinus*** (354–430): Einem ausschweifenden, sündhaften, vergänglichen und geringwertigen Staat, dem Narrenstaat (civitas diaboli) stand der Gottesstaat (civitas Dei) gegenüber.

Narrenstaat
Gottesstaat

Die Verschiebung der ausschweifenden Festlichkeiten weg von der Wintersonnwende (und einem möglichen Jahreswechsel) vor den Beginn der vorösterlichen Fastenzeit dürfte der christlichen Kirche zu verdanken sein.

In Köln wird 1234 vom närrischen Treiben berichtet. Die närrische Zeit dauerte damals sechs Tage, vom Donnerstag vor Fastnacht („schmutziger Donnerstag") bis Fastnacht.

schmutziger Donnerstag

1466 verlegt Papst ***Paul II.*** (1417, 1464–1471) die Karnevalsfeste in das Zentrum Roms. Sein Nachfolger Papst ***Sixtus IV.*** (1414, 1471–1484) erhebt von den Universitätslektoren eine dreiprozentige Steuer zur Finanzierung des teuren Festmahls, das am (schmutzigen) Donnerstag vor Fastnacht für die Senatoren auf dem Kapitol in Rom gegeben wird.

Karnevalskönig

Am Collegium Germanicum, der im Jahre 1552 von Papst ***Julius III.*** (1487, 1550–1555) gegründeten kirchlichen Musterlehranstalt in Rom, wurde ein Karnevalskönig durch Los gewählt. Am Fastnachtsende betonte er in seiner Abschiedsrede die Vergänglichkeit der Welt.

In Ulm (seit 1531 reformiert) wurden noch im Jahr 1582 polizeiliche Ermittlungen gegen unbekannt eingeleitet, wegen „Mummereyen an der Fasnacht". Es gab damals zur Eindämmung der schändlichen und ausschweifenden Umtriebe ein Vermummungsverbot in der protestantischen Stadt an der Donau. Schon seit 1555 war es verboten, an Fasnacht die „sitzen gebliebenen Jungfrauen" vor den Pflug gespannt durch die Stadt zu treiben. Die Fruchtbarkeits-Festlichkeiten sind in diesem Ritual zu erkennen.

Rosenmontag

Seit 1830 gibt es den „Rosenmontag" als Höhepunkt der rheinischen Fastnacht. Seinen Namen hat er vermutlich vom „rasenden" (= tollen) Montag.

An Aschermittwoch wird etwa seit dem Jahr 1100 die Asche der verbrannten Palm- und Ölbaumzweige vom Palmsonntag (Sonntag vor Ostern) des Vorjahres geweiht. Der Priester streut die Asche den Gläubigen auf den Kopf oder zeichnet ein Kreuz aus Asche auf ihre Stirn und erinnert sie an ihre Vergänglichkeit: „Mensch gedenke, du bist Staub und zum Staube kehrst du zurück." In der katholischen Kirche gilt der Aschermittwoch und der Karfreitag als strenger Fastentag.

Aschermittwoch

Außerhalb der christlichen Glaubenswelt wurde in mancher Gegend Asche einer verbrannten Strohpuppe auf die Felder gestreut, damit die Saat gut aufgehe. Heute vergräbt man die Fastnacht und wäscht die leeren Geldbeutel in einem Brunnen, damit das Geld in Zukunft nicht mehr ausgehe.

Im Islam ist das Fasten im Ramadan eine heilige Pflicht. Der Beginn des Fastenmonats wird ausgerufen, wenn nach dem Neumond die Mondsichel zum ersten Mal wieder mit bloßem Auge gesehen werden kann. Im folgenden Monat soll zwischen Sonnenaufgang und Sonnenuntergang nichts gegessen oder getrunken werden. Auch Rauchen oder Sex sind untersagt. Reisende, Soldaten im Krieg, Schwangere und Kinder unter zwölf Jahren sind von der Pflicht ausgenommen. Am Abend treffen sich die Gläubigen dann zum gemeinsamen Essen. Am Ende des Ramadan wird die Armensteuer an die Gemeinde entrichtet.

Das Datum der Fastnacht

Die christliche Fastenzeit dauerte vierzig Tage lang, ohne Zählung der Sonn- und Samstage. Dank dieser Zählung dauerte die ursprüngliche Fastenzeit tatsächlich 56 Tage. Das Ende der alten Fastenzeit bildete der 6. Januar (Erscheinung des Herrn). Deshalb begann die ursprüngliche Fastenzeit am 11. November. Jenem Tag, an welchem noch heute die Fastnacht „ausgegraben", „abgestaubt" oder sonst wie zum Leben erweckt wird.

Der 11. November bekommt später eine neue Bedeutung: Martini. Der Tag wird dem Bischof von Tours gewidmet.

40 Tage vor Ostern

Wegen der Einführung von Weihnachten und Advent wurde die Fastenzeit im 4. Jahrhundert verschoben. Beim Konzil von Nicäa (im Jahre 325) wird Ostern auf den ersten Sonntag nach dem Frühlingsvollmond festgelegt. Die Fastenzeit wird auf die Zeitspanne vor Ostern verschoben. Nach wie vor dauert sie 40 Tage, allerdings werden jetzt nur noch die Sonntage nicht mitgezählt, weshalb sie tatsächlich 46 Tage zählt.

Nach der germanischen Zeitbetrachtung gehörte die Nacht jeweils zum folgenden Tag und der Tag endete mit der einbrechenden Nacht. Die Nacht vor dem Aschermittwoch gehört somit schon zur Fastenzeit, weshalb sie auch Fastnacht genannt wird.

Im reformierten Basel/Schweiz wurde um 1529 die Fastnacht auf Montag bis Mittwoch nach Aschermittwoch gelegt. Spätestens seit 1835 wird sie am Montag um genau 4 Uhr als „Morgenstraich" eröffnet. Noch heute ist dieser lärmende Umzug in dem zu diesem Zeitpunkt absolut dunklen Basel eine Besucherattraktion.

Morgenstraich

Der Name: Fastnacht oder Karneval?

carne levare

Wahrscheinlich stammt der Name „Karneval" von „carne levare" (= Fleisch wegnehmen). Etwa seit 1700 wird der Name auch in Deutschland verwendet. Der Auftakt zur fleischlosen Fastenzeit wird mit einem rauschenden Fest am Beginn der Fastenzeit erleichtert. „Carne vale", also „Fleisch, lebe wohl" ist eine Verballhornung des ursprünglichen Begriffes.

die Nacht vor dem Fasten

Der Name „Fastnacht" kann von der Nacht vor dem Fasten abstammen, aber auch vom „Ende der Faselzeit". Als „Fasler" wurden die Anhänger alter heidnischer Bräuche bezeichnet. Noch heute sprechen wir vom faseln, wenn eine klare, eindeutige Linie fehlt: Unruhige Winde faseln über die Erde = die (schwachen) Winde haben dann keine klare Richtung.

Lichtmess

Messe für das Licht

Die jährliche Neueinstellung landwirtschaftlicher Knechte und Mägde erfolgte an Lichtmess (2. Februar). An diesem Tag werden etwa seit dem Jahr 700 (unter Papst ***Sergius I.*** ?, 686–701) die Kerzen geweiht, es findet die Messe für das Licht = die Kerzen statt.

Vermutlich hat die christliche Kirche mit diesem Festtag eine alte keltische Vorfrühlingsfeier „Imbolc" assimiliert. An Imbolc wurde das Ende des Winters gefeiert. Es begann der Vorfrühling, das erste Wispern des Frühjahres. Der Tag war der Göttin Birgit geweiht. Birgit bedeutet keltisch „die Erhabene". Aus Pflanzen wurden dem Sonnenrad nachempfundene Kreuze geflochten. Rituelle Reinigungen und Reiterwettspiele fanden statt.

Christlich ist der 1. Februar ***Brigida*** (453–525) geweiht, die im irischen Kildare (bei Dublin) als Äbtissin wirkte.

Valentinstag

Göttin Juno

Der am 14. Februar begangene Tag geht vermutlich auf einen römischen Festtag für die Göttin Juno zurück. Juno war für Ehe und Familie (Geburt) zuständig. Sie beschützte Frauen und Mütter. Die Frauen wurden Juno zu Ehren mit Blumen beschenkt. Die Übernahme des im Römischen Reich verankerten Festtages hat missionierten „Heiden" die Annahme des christlichen Glaubens erleichtert.

Valentin von Terni war Bischof, er starb im Jahr 268. Er soll unter Kaiser Marcus Aurelius Valerius ***Claudius II.*** Gothicus (?, 268–270) als Märtyrer gestorben sein, weil er junge Männer getraut hat, während der Kaiser ungebundene ledige Soldaten wollte.

Strittig ist, ob Valentin am 14. Februar hingerichtet wurde, dem Tag, an dem Römer der Göttin Juno dachten. Zum ersten Mal wird dieser Tag um das Jahr 500 genannt. Ab dem Jahr 1200 wird der Valentinstag nördlich der Alpen begangen.

Göttin Juno (Rom, 1. Jahrhundert n. Chr.)

Ostern

Passah, Pessach

Ursprünglich sollen die in Kleinasien lebenden Nomaden im Frühjahr ein großes Fest zum Weidewechsel begangen haben. Daraus könnte später ein altisraelitisches Fest geworden sein.

In Ägypten wurden die Vorfahren der „Israelis" festgehalten. Es waren möglicherweise verschiedene Hirtenstämme, welche erst unter ***Moses*** (um 1200 v. Chr.) religiös und politisch vereint wurden. Dem ägyptischen Pharao wurde eine zehnte Plage angedroht und vollzogen. Um Mitternacht sollten alle Erstgeborenen (möglicherweise nur Söhne) und die „Erstgeburt unter dem Vieh" getötet werden (2. Mose 11). Lediglich die „Kinder Israel" sollten verschont werden. Die „Israelis" wurden aufgefordert, in jeder Familie ein einjähriges männliches Lamm (Schaf oder Ziege) am 14. Tag des Monats abends zu schlachten. Mit dem Blut des geschlachteten Tieres wurden die Türpfosten und die „obere Schwelle" der israelischen Häuser angemalt. Das am Feuer gebratene Fleisch und ungesäuertes Brot (Mazzoth = Matzen) wurde dazu gegessen. Speisereste durften keine übrig bleiben.

Moses

In der folgenden Nacht sollen alle Erstgeborenen (Menschen und Vieh) in den Wohnungen ohne das blutrote Farbzeichen durch „Jahwes Würgeengel" ermordet worden sein (oder waren die Täter „israelische" Widerstandskämpfer?). Der Pharao habe daraufhin die „Israeliten" des Landes verwiesen, weshalb diese am nächsten Morgen aus Ägypten auszogen (2. Mose 12). Auf dieser Legende gründet das Passah-Fest. Möglicherweise liegt die Wurzel der Erzählung in einem Aufstand der unter Moses geeinigten Stämme, welcher sich gegen die ägyptischen Unterdrücker richtete.

Auszug aus Ägypten

Seit ca. 1200 v. Chr. wird das Fest in Erinnerung zum Auszug aus der ägyptischen Knechtschaft begangen. Es wird vom 14./15. Nisan (März bis April) an beginnend, sieben Tage lang gefeiert.

Das Gedenkfest wurde ursprünglich im Tempel mit dem Schlachten eines Opferlammes gemeinsam gefeiert. Ab 70 n. Chr., nach der Zerstörung des zweiten Tempels in Jerusalem, wird es als häusliche Feier begangen.

Jesus von Nazareth

Am 3. Tag nach dem Passahfest (um das Jahr 30 n. Chr.) soll der damals gekreuzigte Jesus von Nazareth wieder auferstanden sein. Die Wurzel im Passahfest findet sich noch im französischen Namen für Ostern: paques.

Osterlamm

Auf diese Wurzel dürfte auch das mancherorts zu Ostern gehörende Osterlamm zurückzuführen sein. In der christlichen Form steht das Lamm oft als Symbol für den sich der Welt opfernden Jesus. Heute wird zu Ostern in den meisten Fällen kein Lamm mehr geschlachtet und sein Fleisch gegessen, sondern es wird Zucker- oder Backwerk in Lammform verschenkt.

Offenbar haben sich im Laufe der Zeit mehrere sehr alte „Frühjahrsbräuche der Wiedergeburt“ auf das Osterfest hin konzentriert, ergänzt durch neuere Riten. In den meisten alten Kulturen von Ostasien bis Amerika finden sich Frühlingsfeste.

Das christliche Osterfest

Jesus von Nazareth wurde vermutlich am Freitag, den 7. April des Jahres 30 gekreuzigt. Er starb gegen 15 Uhr und wurde am Abend desselben Tages in ein Grab gelegt. Die Familie von Jesus soll zur Glaubensgruppe der Essener (Essäer) gehört haben. Diese richteten sich nach einem Sonnenkalender, während die offizielle jüdische Zeitrechnung sich am Mondkalender orientierte. Wegen der unterschiedlichen Kalender feierten die Essener Passah am Dienstag, den 4. April 30, die jüdische Kirche beging das Fest erst am 7. April 30, dem Todestag von Jesus. Am 4. April fand das letzte Abendmahl von Jesus mit seinen Jüngern statt. Diese Daten vorausgesetzt, fand die Erzählung von der Auferstehung am Sonntag, den 9. April 30 statt.

Auferstehungsfest

Die christliche Urkirche gedachte am 14. Nisan dem Tod von Jesus. Später wurde anstelle des Todes seine Auferstehung gefeiert. Etwa ab dem Jahr 200 wurde das Auferstehungsfest auf den Sonntag nach dem 14. Nisan verlegt. Etwa seit dem Jahr 400 wurden in Jerusalem Karfreitag (kar, chara = Wehklage, Trauer) und Ostersonntag als christliche Gedenktage begangen.

Frühjahrsfest

Das Fest der Auferstehung von Jesus, welches die Christen feierten, passte in die Tradition eines Frühjahrsfestes am besten hinein. Im Jahre 325 wurde beim Konzil in Nicäa das Auferstehungsdatum Jesu auf den Sonntag gelegt, der dem ersten Vollmond nach der Frühjahrs-Tag-und-Nacht-Gleiche folgt. Die Tag-und-Nacht-Gleiche pendelt zwischen dem 19. März 9 Uhr und dem 21. März 22 Uhr. Unter Papst *Johannes I.* (?, 523–526) wurde der 21. März als Frühlingsbeginn festgelegt. Durch diese Festlegung wechselt das Osterfest zwischen dem 22. März und dem 25. April eines Jahres.

Frühlingsvollmond

Durch eine unterschiedliche Auslegung und Anwendung des Kalenders ist das Osterdatum in der östlichen (byzantinischen) und westlichen (römischen) christlichen Kirche immer dann verschieden, wenn der erste Frühlingsvollmond des gregorianischen Kalenders im 13 Tage langsameren julianischen (byzantinischen) Kalender noch im Winter liegt. Also immer dann, wenn der Frühlingsvollmond vor dem 3. April eintritt.

Im Jahre 1997 wurde vorgeschlagen, den Frühlingsbeginn auf die Tag-und-Nacht-Gleiche (in Jerusalem) zu datieren, anstatt auf den in beiden Kalendern 13 Tage auseinander liegenden 21. März.

Die Auferstehung Christi und damit das christliche Osterfest sei die Königin der christlichen Feste, das „festum festorum".

Abendmahlskelch

Gründonnerstag

Der Gründonnerstag vor Ostern hat seinen Namen von „gronan“ = weinen (greinen). Er erinnert in der christlichen Kirche an das Abendmahl von Jesus mit seinen Jüngern und daran, dass Jesus seinen Jüngern die Füße gewaschen hat, was eine Arbeit für Sklaven war. Nach der Sage fliegen an diesem Tag die Glocken nach Rom, werden dort geweiht und kehren erst in der Nacht vor Ostern zurück.

Quälereien durch eine tatsächliche kurzzeitige Kreuzigung, durch das Durchbohren von Händen und Füßen mit Nägeln oder durch blutiges Geiseln, wie es gelegentlich in heutiger Zeit von den Philippinen berichtet wird, scheint ein von spanischen Bettelmönchen um 1700 nach dort gebrachtes Ritual zu Karfreitag zu sein.

Der Vollmond

Der voll erblühte Vollmond ist ein Symbol für Potenz und Fruchtbarkeit. Seit etwa 800 n. Chr. wird oft vermutet, dass eine (wahrscheinlich nie angebetete indogermanische) Göttin Ostara (Eostra) für die Morgenröte, den Frühling und die Fruchtbarkeit zuständig war. Sie trug einen Hasenkopf als Zeichen für ihre Fruchtbarkeit. Möglicherweise liegt die sprachliche Wurzel im Begriff „Astarte“, einer im vorderen Orient (vor 2000 v. Chr.) bekannten Liebes- und Fruchtbarkeitsgöttin. Vermutlich findet sich diese Wurzel auch im

Fruchtbarkeit

griechischen Begriff für Leidenschaft (= Oistros) und im Sexualhormon Östrogen.

Andere Quellen erklären Ostern über die Himmelsrichtung Osten und die dort morgens erscheinende Morgenröte „Aurora“ lat., „Eos“ griech.

In jüngster Zeit wird das Wort über die Taufe erklärt. Das germanische Wort für Wasser „ausa“, welches bei der Taufe vergossen wurde, soll demnach für Ostern sprachlich Pate gestanden haben. Möglicherweise geht auf diese Wurzel der mancherorts gepflegte Brauch des heilkräftigen „Osterwassers“ zurück. Das Schmücken von Brunnen als der Quell des Leben spendenden Wassers ist in einigen fränkischen Orten üblich.

Osterwasser

In manchen Gegenden wird das an Ostern aus einem Brunnen fließende Wasser aufbewahrt, damit mit ihm an einer Hochzeit das Paar besprengt werden kann. So soll dessen Fruchtbarkeit gesichert werden.

Eine alte indogermanische Tradition war es, an großen Festen mit Feuer Zeichen zu setzen. Schon um das Jahr 400 fand die Übung mit dem „Osterlicht“ oder der „Osterkerze“ Eingang in die christliche Kirche. Seit 700 ist der Brauch in der römischen Kirche verbreitet. Die brennende Osterkerze ist Symbol

Osterkerze

für das den Tod überdauernde „ewige Leben“. Mancherorts werden noch heute Osterfeuer entzündet oder Osterräder als große feurige Zeichen zu Tal gerollt.

Weil im Frühjahr die Natur die Erde mit einem neuen Pflanzenkleid versieht, kleiden sich auch die Menschen zu Ostern neu ein und ziehen ihren besten Rock an. Ein Strauß mit aufblühenden Weidenkätzchen (geschmückt durch ausgeblasene bunte Eier) erinnert in der Stube an die Erneuerung im natürlichen Kreislauf.

Das Ei

Essen ist bei jedem Fest ein wichtiger Bestandteil. Vor der Entwicklung von Sterilisierungstechniken, vor Kühltruhen und vor dem weltweiten Transport von Lebensmitteln gab es an Festtagen das zu Essen, was die Natur bereitstellte. Im Frühjahr waren die Wintervorräte weitgehend aufgebraucht, teils auch verdorben. Die Fastenzeit diente früher dazu, die restlichen Vorräte zu strecken.

nahrhaftes Gut

Eines der wenigen nahrhaften Güter im März und April waren die in dieser Zeit frisch gelegten Eier der Hühner. Nach der Winterruhe legen Hühnervögel wieder eifriger. Deshalb wurde die Frühjahrssteuer (der den Mächtigen zu zahlende Zins) oft mit Eiern bezahlt und auch die Kirchenspende er-

Osterbrunnen in Bad Überkingen.

folgte mit Eiern (die möglicherweise angemalt oder verziert wurden). In einem Grab bei Worms (von 350 n. Chr.) wurden zwei bemalte Eier gefunden.

Symbol der Fruchtbarkeit

Das Ei war Symbol der Fruchtbarkeit und Reproduktion. Wer bis zum Frühling überlebte, hatte gute Lebenschancen für ein weiteres drei viertel Jahr. Der Sieg über den Tod wurde mit Festen um die Tag-und-Nacht-Gleiche (am 21. März) gefeiert.

Schon im babylonischen Reich (1700 v. Chr.) spielten gefärbte Eier beim Frühjahrsfest eine Rolle. In Ägypten, Persien, Griechenland und Rom sollen schon vor Christi Geburt Eier gefärbt und als Fruchtbarkeitszeichen angesehen worden sein. In Finnland wurde während der Aussaat des Getreides ein Ei in der Tasche getragen.

In China glaubte man, der Anfang der Welt war ein großes Wasser, aus dem ein Ei hervorstieg. Das Ei öffnete sich und wurde zum Festland.

Himmel und Erde

Nach dem Glauben der Hindus formte der Herr der Götter ***Brahma*** aus einer Eierschale Himmel und Erde. Brahma legte seinen Samen in Wasser, woraus ein goldenes Ei erwuchs. In diesem wurde er nochmals selbst geboren. Er verbrachte tausend Jahre in dem Ei, dann sprengte er es Kraft seiner Gedanken in zwei Hälften, die zu Himmel und Erde wurden.

Nach der griechischen Sagenwelt wurde Nyx (= die Nacht) vom Wind befruchtet. Sie legte darauf ein silbernes Ei. Unten im Ei herrschte das Chaos und aus dem Chaos entstand Gaia (= die Erde) und Eros, der den Geist der Götter und Menschen beherrscht. Auch hier ist ein Ei Teil der Schöpfungsgeschichte.

Ostereyer

Der Begriff „Ostereyer" findet sich 1545 in einem Brief von ***Luther***. Spätestens seit 1615 ist er bei Straßburg üblich. Um 1800 waren Ostereier mit aufgemalten Sprüchen ein beliebtes Geschenk. Während in Mittel- und Westeuropa die Eier gerne rot gefärbt wurden, waren sie in Osteuropa häufiger goldfarbig. Rot stand für Kraft, Liebe und Lebensfreude; Gold für Licht, Sonne und Hoffnung.

Die teuersten Ostereier sind die des Goldschmieds Carl ***Faberge***, die für die russische Zarenfamilie im 19. und Anfang des 20. Jahrhunderts angefertigt wurden.

Ursprünglich waren Hühner (oder zumindest Vögel) die Urheber des Ostereies. In Thüringen und Schleswig-Holstein legte der Osterhahn die bunten Eier. Andernorts wurde der Kranich, der Auerhahn oder der Kuckuck als Urheber bezeichnet. Allerdings gab es auch die Annahme, der schlaue Fuchs könne solch bunte Eier legen, so in Westfalen und im Friesland.

Heute gibt es mancherorts ein Eierlaufen oder ein Eierwerfen als Wettkampf unter den Heranwachsenden. Kinder lassen auf Wiesen die bunt gefärbten Eier herunterrollen, z. B. am Ostermontag vor dem Weißen Haus in Washington.

Der Hase

Rund dreimal im Jahr wirft eine Häsin Junge (selten viermal). Noch während einer Tragzeit kann sie für die nächste Tragzeit befruchtet werden (= Superfötation). Rund zehn Hasenkinder werden so jedes Jahr von einer Häsin der Umwelt anvertraut. Noch leistungsfähiger beim Zeugen sind Kaninchen. Sie bringen es auf vier Tragzeiten im Jahr mit insgesamt 15 bis 20 Jungen.

sexuelle Potenz

Vermutlich wurde zwischen Hasen und Kaninchen früher nicht unterschieden, weshalb die beim Hasen so sehr bewunderte sexuelle Potenz sich auf Beobachtungen an Kaninchen stützte. Schon die Römer züchteten Kaninchen.

Damit der Wurf mit einer hohen genetischen Variation ausgestattet ist, hat die Häsin mehrere Männchen und die Männchen jeweils mehrere Häsinnen als Geschlechtspartner. Der rege Geschlechtsverkehr der männlichen Rammler ist mit dem Begriff des „Rammelns" sprachliches Allgemeingut geworden.

Göttin der Liebe und Fruchtbarkeit

Die Göttin der Liebe und Fruchtbarkeit ***Astarte*** (vorderer Orient um 2000 v. Chr.) besaß Hase und Ei als Symbol und soll einen kaum zu befriedigenden sexuellen Hunger gehabt haben. ***Aphrodite***, die griechische Göttin der Liebe und Schönheit, verwendete den Hasen als Fruchtbarkeitsboten. Die „schaumgeborene" Aphrodite soll bei Paphos (Zypern) dem Meer entstiegen sein. Bei den Kelten und Germanen entsprach der Hase dem Windgeist, der die Felder fruchtbar machte. In römischer Zeit gehörte das Kaninchen zur ***Venus***, der Göttin der Liebe. Die Kissen der Lotterbetten (in Freudenhäusern) wurden mit Hasenhaaren gestopft, um dadurch die Potenz und das Lustempfinden zu steigern.

Kaiser Alexander ***Severus*** (208, 222–235) bekleidete schon mit 14 Jahren sein Amt und starb 26-jährig durch meuternde Soldaten, weil er zu wenig Kriegseifer hatte. Dieser Kaiser ließ sich dreimal in der Woche Hasenbraten auftischen, damit er bei den Frauen stets seinen Mann stehen konnte. Männer, die eine Hasenkeule verzehrten, glaubten, dadurch höhere „Steherqualitäten" zu erlangen.

Den christlichen Kirchenvätern war der sexuell potente Hase sündig, heidnisch und unheimlich. 751 soll Papst ***Zacharias*** (?, 741–752) den Christen geraten haben, keine Hasen mehr zu verzehren. Auch das Essen von Eiern während der Fastenzeit wurde verboten.

Um das Jahr 1100 taucht der Hase als Auferstehungssymbol auf christlichen Grabsteinen auf. Allerdings habe die christliche Kirche weiterhin den hasentypischen Fruchtbarkeitsmythos gefürchtet. Möglicherweise wurde deshalb der Hase als feige verleumdet: Hasenfuß.

Gelegentlich wird der christliche Kult um Maria als eine dem christlichen Glauben angepasste Verehrung der Göttin der Fruchtbarkeit betrachtet. Allerdings ist Maria sexuell gezähmt und wird nur in der Mutterrolle geehrt.

Der Osterhase, ein Eier legender Hase

Osterei und Osterhase

Im Jahr 1682 hat der Heidelberger Mediziner J. ***Richier*** über das Osterei „de ovis paschalibus“ (in „Satyrae medicae“ XVIII.) geschrieben: Es werden diese Eier „Haseneier“ genannt, nach der Fabel, die man den Naiveren und den Kindern einprägt, dass der Osterhase solche Eier lege und in den Gärten, im Gras und in den Obststräuchern usw. verstecke, damit sie von den Knaben umso eifriger gesucht würden, zum Lachen und zur Freude der Älteren“ (Übersetzung ***Wirth***). Der Brauch sei am Oberrhein, im Elsass und der Pfalz verbreitet.

Rund 100 Jahre später erscheint 1789 in Zürich/Schweiz ein Liederbuch für die „Zürchersche Jugend“ mit einem Kupferstich, auf dem Kinder im Garten beim Eiersuchen zu sehen sind. Möglicherweise war beim Suchen der bunten Eier auf der Wiese den Kindern am ehesten zu vermitteln, dass der Täter ein flinker Hase war, den man kaum zu fassen bekommt, während das langsame Huhn leicht zu enttarnen gewesen wäre.

Einem auf dem Land mit Hasen und Hühnern aufwachsenden Kind ist kaum vorzumachen, dass der Hase Eier legen kann. Deshalb deutet diese Vorstellung auf eine Entfremdung zum Landleben hin. Andererseits kannten die in städtischen Sied-

Osterhase bringt Eier (Postkarte, um 1910).

lungen lebenden Menschen im 17. Jahrhundert den Hasen meist aus eigener Anschauung. Hasen waren eine wichtige Fleischquelle, die in kleinen Stallkabinen im kleinsten Hof heranwachsen konnte („Sau des armen Städters").

Fruchtbarkeitssymbole

Zwei Fruchtbarkeitssymbole haben damit zusammen gefunden: Das Ei und der sexuell potente Hase. Diese beiden Zeugen der Reproduktion fanden sich um das Jahr 1700 und blieben uns so bis heute erhalten. Allerdings sind sie zu einer amüsanten Legende geworden und von ihrer vitalen Sexualität kastriert.

Leider geht es dem Hasen in den agrarischen Monokulturen schlecht. Er, der für seine Fruchtbarkeit eine abwechslungsreiche Krautflora benötigt, stirbt an der Artenarmut moderner Landwirtschaft und an den Großmaschinen, welche einen sich drückenden Hasen zerstückeln. Stirbt mit seiner Fruchtbarkeit auch jene des Menschen?

Literatur

DÖRRZAPF, R. (1995): Wie der Osterhase wirklich zu seinen Eiern kam. P.M. (4): 56–59.
UDOLPH, J. (1999): Ostern – Geschichte eines Wortes. Heidelberg
WIRTH, R. u. V. (2001): Mein Name ist Hase. Staatl. Museum für Naturkunde, Stuttgart.

Maibaum, Kirmesbaum, Lebensbaum

Die Angehörigen germanischer Stämme stellten an manchen Festtagen grüne Bäume auf. Bäume bringen Glück und Segen, Gesundheit und Wachstum. Im Mai- und Kirmesbaum ist dieser Brauch noch enthalten. Grüne Bäume waren Symbol und Zeichen des Frühlingsfestes. Im mittleren Europa soll es fünfzig Tage vor der Sommersonnwende gefeiert worden sein. Im nördlichen zwei bis drei Wochen später.

Gesundheit und Wachstum

Die alten und wegen des Verbots durch die christliche Amtskirche zunächst nicht mehr praktizierten Rituale aus germanischer Zeit wurden nicht vollkommen vergessen. Möglicherweise wurde eben doch hin und wieder an manchen Festtagen ein grüner Baum aufgestellt. Im Jahr 1225 ist ein Maibaum im Aachener Raum beurkundet. Anlass der Urkunde ist ein Streit mit dem örtlichen Pfarrer wegen des „gottlos aufgerichteten Baumes“.

Maibaum

Grüne Reiser waren Fruchtbarkeitssymbole. Eine Erinnerung an diese Tradition ist in den am 4. Dezember in die Wohnung gestellten „Barbarazweigen“ noch vorhanden. Der 4. Dezember ist der heiligen Barbara gewidmet; sie soll eine christliche Märtyrerin gewesen sein (um das Jahr 250). Andernorts werden am Andreastag (30. November) Zweige zum selben Zweck geschnitten. Andreas ist einer der zwölf Jünger Jesu, also ein Apostel. Auch am 13. Dezember wird diese Sitte praktiziert. Es sind dann „Luciazweige". Der 13. Dezember war vor der Kalenderreform 1582 ein Tag nahe der Wintersonnwende. Diese Zweige mit Blatt- und Blütenknospen sollten um Weihnachten ergrünt und erblüht sein. Zeitweise dienten sie als Orakel: Der Zweig wurde einer bestimmten Person gewidmet und je nach seiner Entfaltung sollte er deren Schicksal im kommenden Jahr verkörpern.

Luciazweige

Zweige waren auch Symbole der Fruchtbarkeit. Man „schlug" (oder streichelte) Frauen und Mädchen mit einer solchen „Lebensrute", damit sie fruchtbar und glücklich werden sollten. Den Fruchtbarkeitszauber des „Pfefferns" praktizierten manche Gegenden am 26. Dezember (Stephanstag), andere am 6. Januar (Dreikönig) oder am Ostermontag. In einzelnen Fällen wurde das Schneiden der Zweige derart zur Mode, dass es teils aus religiösen Gründen als „Aberglaube", teils zum Schutz der Obstbäume verboten wurde.

Lebensrute

Der Verehrer stellte seiner Liebsten in der Nacht zum 1. Mai eine frisch austreibende Birke, geschmückt mit bunten Bändern, als „Maibaum" vor die Haustür. Treulosen Mädchen wurden dürre Stecken mit Abfällen (Blechdosen) als „Schandmaien" hingestellt.

Schandmaien

Das Holen des Maibaumes blieb offenbar nicht folgenlos, so wird im Jahr 1585 behauptet, dass „... von den zum Walde gehenden Mädchen der dritte Teil die Ehre verliere“. Dieses „Verlieren der Unschuld“ machte aber offenkundig so großes Vergnügen, dass daran stets ein „zahlreiches Geleit“ teilnahm.

Im Sommer war der Mai- oder Kirmesbaum oft ein Laubbaum. Im Norden und in der laublosen Zeit wurden Fichten oder Kiefern verwendet. Teilweise waren es sehr hohe Bäume, denen nur eine kleine grüne Kronenspitze gelassen wurde. Unter der Krone hing ein mit bunten Streifen geschmückter Kranz oder es waren in die Krone bunte Stoffstreifen eingeflochten. Beim Tanzen unter dem mit Bändern geschmückten Maibaum konnten Buben und Mädchen „anbändeln“.

Maibaum mit bunten Bändern (Wurmlingen bei Tübingen).

Manchmal fand ein nach strengen Regeln ablaufender Wettbewerb statt, an dem sich meistens nur die männliche Jugend beteiligen konnte. So führte die erwachsene, heiratsfähige

Jugend einen Schwertertanz vor. Später wurden die Schwerter durch Stäbe oder bunte Bänder ersetzt. Als Preis winkte ein Schaf, ein Schwein oder ein Huhn.

Die Gefahren des Lebens wie Krankheit, Unglück haben unsere Vorfahren in Personen gefasst: Es waren dafür Geister oder Teufel verantwortlich. Wacholder, Eibe, Mistel, Fichte, Tanne oder Kiefer besaßen Geister verscheuchende Kräfte und wurden deshalb zum Schutz von Haus und Stall eingesetzt. Die Nikolausrute aus Baumzweigen, mit der die bösen Geister aus den Lausbuben getrieben werden, ist noch heute gelegentlich in Aktion.

Geister verscheuchende Kräfte

Immergrüne Laub- und Nadelbaumzweige „baumelten" zum Schutz vor Krankheit, bösen Geistern, Unheil, Blitz und Feuer von der Stubendecke, über der Haustüre und an der Stalltüre.

Mancherorts wurden Mistelzweige an den Türsturz gehängt, um die darunter hindurchgehenden Mädchen küssen zu dürfen.

Göttin des Wachstums

Der Begriff des „Maien" geht auf Maja, die römische Göttin des Wachstums im Frühling zurück. Maja war die Tochter des für Felder und Wälder zuständigen Gottes Faunus und die

Frau von Vulcanus, dem Gott für das Feuer und die Schmiedekunst. Maja stand Patin für den Monatsnamen Mai.

grüner Zweig

Eine andere Wurzel hat der Satz: „Er kommt auf keinen grünen Zweig". Im Mittelalter wurde zum Abschluss eines Kaufes von einem Grundstück dem Käufer ein „grüner Zweig" von einem auf dem Grundstück wachsenden Baum oder Strauch übergeben. Dies war die symbolische Übergabe der erworbenen Immobilie. Nur wer geschäftstüchtig und sparsam war, konnte genug Geld für einen Grundstückskauf zusammenbekommen und dadurch zu einem „grünen Zweig" gelangen.

Literatur

LAUDERT, D. (2000): Mythos Baum. München, Wien, Zürich.

Walpurgis

Frühlingsfest

Beltane

In der Nacht vom 30. April auf den 1. Mai wird mancherorts Walpurgis gefeiert. Die Kelten nannten ihr Frühlingsfest „Beltane“ oder „Beltaine“. Es war ein Fest der wieder erwachenden Vegetation. Der Sonnengott sei jetzt, so die Vorstellung, aus dem Knabenalter entwachsen und zum geschlechtsreifen Jüngling geworden. Das Land sei reif, um befruchtet zu werden. Zwischen dem Druiden und seiner Frau fand eine rituelle Hochzeit statt. Es sollen in dieser Nacht wilde ekstatische Feste, mit Rauschmitteln (Tollkirsche, Fliegenpilz, Alkohol etc.) verstärkt, begangen worden sein.

Nach einer Quelle aus dem Jahr 1752 sollen Sachsen, nachdem sie von Karl dem Großen besiegt worden waren, in dieser Nacht verbotenerweise weiterhin den alten heidnischen Riten gefolgt sein.

Blocksberg

Nach alter Auffassung tanzten auf dem Brocken oder Blocksberg im Harz zu Walpurgis die Hexen. Der Name des Berges kommt von den großen Steinbrocken (Blöcken) oberhalb der Baumgrenze.

Gegen die Gefahr durch böse Geister wurde ***Walburga*** angerufen. Vielleicht hat sie dies ihrer Namensähnlichkeit mit Walpurgis zu verdanken. Die in England um das Jahr 710

Sage vom Hexenritt in der Walpurgisnacht (Postkarte, um 1910).

geborene ***Walburga*** (+779) folgte ihren Brüdern auf den Kontinent und stiftete in Heidenheim (Bayern, bei Gunzenhausen) ein Doppelkloster. Sie galt bald als wichtige Heilige im Volk, die das wertvolle Vieh vor den Umtrieben der Hexen schützen konnte.

Muttertag

Gedenktag für alle Mütter

In den USA rief im Jahre 1908 Ann ***Jarvis*** (†1943) zum „General Memorial Day of all Mothers“ auf (Allgemeiner Gedenktag für alle Mütter). Sie wollte damit an ihre eigene Mutter erinnern, die am zweiten Sonntag im Mai des Jahres 1905 gestorben war. Anns Mutter war eine Frauenrechtlerin und hatte schon 1858 einen „Mother's Work Day“ organisiert. Ann Jarvis blieb ledig und hatte keine Kinder.

Der US Kongress erklärte den Muttertag 1914 zum staatlichen Feiertag. Er sollte als „öffentlicher Ausdruck unserer Liebe und Verehrung für die Mütter unseres Landes“ begangen werden. Die Heilsarmee brachte den Gedenktag nach Europa.

Dank der Werbekampagnen der Blumenzüchter und Floristen konnte sich der Muttertag etablieren. Die Schweiz übernahm ihn 1917. In Deutschland feierte man den Muttertag 1923 zum ersten Mal offiziell und bemühte sich noch 1926 mit begrenztem Erfolg um die staatliche Anerkennung. 1933 schließlich wurde er zum Feiertag erklärt.

In Griechenland und Kleinasien gab es schon im Altertum einen Mutterkult. Der Gedenktag für die Göttermütter Kybele oder Rhea wurde an den Iden des März (Mitte März) gefeiert.

Himmelfahrt

An „Christi Himmelfahrt“ feiern gläubige Christen die Himmelfahrt des vom Tode auferstandenen Jesus. Sie wird vom Evangelisten Lukas (24, V.51) geschildert. Ursprünglich feierten die Christen das Ereignis zusammen mit Pfingsten. Erst um das Jahr 350 (belegt seit 386) gibt es einen Feiertag am 40. Tag nach Ostern. Etwa hundert Jahre später hatte dieser Feiertag sich in der ganzen christlichen Kirche durchgesetzt.

40. Tag nach Ostern

In manchen Kirchen wurde an dem Tag eine Statue von Christus zur Decke gezogen und verschwand oben im Dachstuhl. Manchmal ließ man danach Rosinen und Mandeln vom Dachstuhl regnen. Die Gläubigen brachten frisch gepflückte Kräuter und Blumen als Altarschmuck zum Gottesdienst. Die geweihten Pflanzen bekamen sie nach der Messe mit nach Hause. Dort wurden sie als Schutz aufgehängt.

Der am Himmelfahrtstag übliche Gang hinaus in die grüne Natur ist möglicherweise aus alten Flur-Umgängen entstanden. Mancherorts gibt es kirchliche Prozessionen. Gelegentlich wird behauptet, dass die Sonne beim Aufgang dreimal auf dem Horizont hüpft. Um die kleinen „Freudensprünge“ des Fixsterns Sonne zu suchen, erklimmen sehr frühe Wanderer vor Sonnenaufgang Aussichtspunkte.

Vatertag Viele Väter begehen den „Vatertag“, teils mit der Familie bei einer Wanderung ins Grüne, teils im Freundeskreis. Weil oft Männer mit und ohne Vaterschaft mehr oder weniger bierselig den Tag begehen, wird er auch „Herrentag“ oder „Männertag“ genannt. Seit 1880 sind solche „Herrenpartien“ überliefert. Teilweise wird mit einem geschmückten Leiterwagen zu feucht-fröhlichem Tun ausgerückt.

Pfingsten

Schawuot

Fünfzig Tage nach Passah feiern Juden „Schawuot“, eines ihrer drei großen Wallfahrtsfeste. Das Fest entwickelte sich aus einem Dankfest für die Getreideernte (3. Mose 23, 15f.). An diesem Tag wird dem Bundesschluss am Sinai und der Übergabe der zehn Gebote gedacht.

Ausgießung des Heiligen Geistes

Am fünfzigsten Tag nach Ostern feiern Christen die Ausgießung des Heiligen Geistes (Apostelgeschichte Kapitel 2). An diesem Tag sollen die Apostel, die Jünger Jesu, den Auftrag erhalten haben, seine Lehre in alle Welt zu verbreiten. Der Name kommt aus dem Griechischen: „pentecoste“ bedeutet der „fünfzigste“ Tag. Die von den „Zungen, zerteilt wie vom Feuer“ erfassten Apostel begannen feurig zu predigen und jeder Anwesende (auch von fremder Sprache) verstand sie.

Petrus hielt eine öffentliche Predigt und überzeugte so viele Zuhörer, dass sich 3000 Juden taufen ließen, wodurch die erste christliche Gemeinde entstand. Deshalb ist Pfingsten ein Fest der christlichen Mission.

Taube

Eine schwebende Taube an der Kirchendecke soll für die Gläubigen den abstrakten „Heiligen Geist“ verkörpern. In manchen Kirchen wurde der Vorgang anschaulich dargestellt, indem eine hölzerne Taube an einer Schnur aus dem Dachboden der Kirche in das Kirchenschiff herabgelassen wurde. Weil die Schnur umso länger war, je tiefer die Taube herunter hing, wurden deren Flugkreise immer größer. Nach Gesang und Gebet der Gläubigen stieg die Taube im Duft des Weihrauchs wieder auf und verschwand in der Dachbodenluke. In seltenen Fällen wurde eine lebende Taube freigelassen.

Papst ***Benedictus XIV.*** (?, 1740–1758) gab die Weisung, dass der Heilige Geist nur in Gestalt einer Taube darzustellen ist oder in den Pfingstbildern als feurige Zunge.

An Haustüren werden Zweige mit frischen Trieben aufgehängt. Auf dem Mittagstisch stehen Frühlingsblumen. Zum Essen gibt es gebratene und gefüllte Tauben. Das Vieh wird zum ersten Mal auf die Weide getrieben. Das Leittier der Herde wird zum Austrieb mit Bändern prächtig geschmückt, es ist der „Pfingstochse“.

Pfingstochse

Wer an diesem Tag als Letzter aufsteht, ist der „Pfingstlümmel“ oder die „Pfingstbraut“ und muss die pünktlichen Hausgenossen eine Runde beim Trinken freihalten. An manchen Orten wird der Langschläfer bestrafende Brauch am Sonntag vor Ostern, dem Palmsonntag, gepflegt. Dann sind die zu spät Aufstehenden die „Palmesel“.

Palmesel

Weil Pfingsten nach dem 10. Mai gefeiert wird, ist das Wetter an diesem Tag deutlicher auf das Frühjahr eingestimmt, als zu Ostern. Allerdings kann bei einem sehr frühen Termin der häufig kommende Kälteeinbruch im Mai, die Eisheiligen, noch bevorstehen, denn diese enden erst am 15. Mai. Meist ist Pfingsten jedoch ein „liebliches Fest", wie ***J.W. Goethe*** (1749–1832) im Jahre 1794 im Reineke Fuchs schreibt: „Pfingsten, das liebliche Fest war gekommen; es grünten und blühten Feld und Wald; auf Hügeln und Höh'n, in Büschen und Hecken, übten ein fröhliches Lied die neu ermunterten Vögel; jede Wiese sprosste von Blumen und duftenden Gründen, festlich glänzte der Himmel und farbig die Erde."

Fronleichnam

Am zweiten Donnerstag nach Pfingsten wird mit einer Prozession dieser katholische Festtag gefeiert. Er soll aufgrund einer Vision der Nonne ***Juliana*** von Lüttich (1193–1258) im Jahr 1246 eingeführt worden sein. Der Name ist mittelhochdeutsch und bedeutet „des Herrn Leib“ (fron = Herr, Gott; lichnam = lebendiger Leib). Der alte lateinische Name des Festes hieß: „festum sanctissimi corporis Christi“ (Fest des heiligen Leibes Christi).

des Herrn Leib

Juliana habe beim Beten den an einer Stelle verdunkelten Mond gesehen. Christus habe ihr erklärt, dass der dunkle Fleck das Fehlen eines „Festes zum heiligen Altarsakrament“ bedeute. Vermutlich bewegte Juliana die Lehre der „Transsubstantiation“, das ist die Lehre von der Verwandlung von Brot und Wein in Leib und Blut von Christus. Die Transsubstantiation wurde im Jahre 1215 definiert, beim 4. Konzil im Lateran, dem päpstlichen Palast zu Rom.

Altarsakrament

Auf Julianas Bemühungen hin führte Robert von Thorate, Bischof der Diözese Lüttich, das Fronleichnamsfest 1246 ein. In der an kirchlichen Intrigen und Machtkämpfen reichen Zeit musste Juliana nach Namur und später Fosses (Frankreich) gehen, wo sie am 5. April 1258 starb.

Fronleichnamsprozession im bayerischen Miltenberg.

2. Donnerstag nach Pfingsten

Papst ***Urban IV.*** (1200, 1261–1264) hatte als Erzdiakon in Lüttich das Fronleichnamsfest kennen gelernt. Er bestimmte am 11. August 1264 das Feiertagsdatum auf den 2. Donnerstag nach Pfingsten und setzte es als Fest für die gesamte römische Kirche ein. Erst seit 1311 unter ***Clemens V.*** (?, 1305–1314) soll es jedoch tatsächlich überall gefeiert worden sein.

Prozessionen fanden erstmals um das Jahr 1277 in Köln, 1286 in Benediktbeuern/Bayern statt. An der Spitze der Prozession wird das Kreuz und die geweihte Hostie in der Monstranz getragen. Geistliche, Ministranten, Kommunionskinder und die Bevölkerung gehen auf einem geschmückten Weg durch den Ort. An mehreren (vier?) Altären wird gehalten und aus der Bibel vorgelesen. Vor den Altären sind z.T. Teppiche aus Blumen gelegt. Es wird vermutet, die Prozession sei ein verkürzter Flurumgang, mit dem in vorchristlicher Zeit die Grenze der Ackerflur umschritten wurde.

Sonnwende und Johannis

Sommeranfang ist am 21. Juni, der 24. Juni ist der Johannistag. Johannes (der Täufer) soll sechs Monate älter als Jesus gewesen sein (Lukas 1,24–26). Johannes ist der einzige christliche Heilige, dessen Geburtstag gefeiert wird und dies sechs Monate vor dem Geburtstag Christi. Johannes soll über Jesus gesagt haben: „Er muss wachsen, ich aber muss abnehmen." (Johannes 3,30). Diese Aussage soll mit der am jeweiligen Geburtstag zu- bzw. abnehmenden Sonnenscheindauer erklärbar sein. Der Täufer Johannes soll schließlich „ein brennendes und scheinendes Licht" gewesen sein (Johannes 5,35), was dem Zustand der Sonne im Hochsommer auch entspricht. Deshalb wurde um die Jahre 350–400 ein Tag nahe bei der Zeit der Sommersonnwende zum Johannistag.

Sonnenscheindauer

Ursprünglich konnten die Menschen den Tag der Sonnenwende nicht so exakt feststellen. Sie hatten den Eindruck, dass die Sonne im Hochsommer auf ihrem höchsten Stand rund eine Woche verharre.

Sommersonnwende

Feuer zur Sommersonnwende sind bisher noch nicht aus vorchristlicher germanischer oder keltischer Zeit belegt. Üblich sind die Feuer zur Sommersonnwende seit mindestens tausend Jahren. Urkundlich nachgewiesen ist ein Feuer, durch welches im Jahre 1090 das Kloster Lorsch in Brand geriet. Luther hat den Tanz um die sommerlichen Feuer als Freudentanz über die Ankunft des Täufers Johannes angesehen. Die Feuer zur Sommersonnwende werden auch Johannisfeuer genannt. Wer durch ein heruntergebranntes Feuer springt, dem werden reinigende und heilende Kräfte zuteil.

Johannisfeuer

Nach 1700 scheint die Feuerherrlichkeit abgenommen zu haben. Vermutlich hat auch die (protestantische) Kirche sich gegen den „heidnischen" Brauch gestellt. Für die einen dürfte die Sorge um einen Brand, für die anderen die Sorge um die Moral den Ausschlag gegeben haben, sich gegen diesen Brauch zu stellen. In der Dunkelheit der Feierlichkeiten ist wohl in der freien Natur auch manche Sinnenfreude ausgelebt worden. Um das Jahr 1850 gab es kaum mehr diese Feuer. Im Nationalsozialismus wurde das Sonnwendfest zum Fest der Jugend erklärt und wiederbelebt.

Sonnwendfeuer

Mariä Himmelfahrt

In der Bibel ist von Maria, der Mutter von Jesus, selten die Rede. Etwa um das Jahr 500 gibt es die ersten Nachweise auf einen „Tag der Muttergottes Maria" Mitte August. Der oströmische (byzantinische) Kaiser ***Maurikios*** (?, 582–602) soll das Fest auf den 15. August gelegt haben. Seit dem Jahr 1000 etwa werden an diesem Tag Kräuter geweiht, welche dann im Hause aufbewahrt werden und vor allerlei Gefahren schützen sollen. Damit wurde vermutlich eine heidnische Übung christianisiert.

Marienverehrung

Marienverehrung ist ein die katholische Konfession vom Protestantismus unterscheidendes Merkmal. Die „unbefleckte Empfängnis" von Maria (Dogma von 1854) und Marias „leibliche Aufnahme in den Himmel" (Dogma von 1950) dürfte für viele Menschen schwierig zu verstehen sein.

Erntedank, Kirchweih

bäuerliche Gesellschaft

Eine reiche Ernte war in den kühlen klimatischen Zonen eine Voraussetzung für das Überleben der Bauern in den folgenden neun bis elf Monaten bis zur neuen Ernte. Deshalb war es für eine bäuerliche Gesellschaft verständlich, dass für eine gute Ernte den das Schicksal und Wetter lenkenden Göttern gedacht wurde. In der christlichen Zeit galt dem einen Gott der Dank für die lebenserhaltenden landwirtschaftlichen Früchte. Das Fest wurde gefeiert, wenn die Arbeit auf dem Feld abgeschlossen und die Ernte geborgen war.

Einweihung der Kirche

Die Kirche nutzte die Zeit der Dankbarkeit und weihte in dieser Zeit häufig die örtliche Kirche. So fanden beide Feste oft zusammen statt. In einer Gesellschaft, die der manuellen landwirtschaftlichen Arbeit entfremdet ist, wird das Erntedankfest oft nur noch als Kirchenfest begangen.

Erntedankaltar (Pfarrkirche St. Martin, Erbach bei Ulm).

DANKE

Halloween, Allerheiligen, Allerseelen

Sprachlich soll Halloween aus „holy“ = Heilige und „evening“ = Abend entstanden sein.

kollektive Totenfeier

Möglicherweise haben alle alten Kulturen jährlich eine kollektive Totenfeier begangen. Der dafür am besten geeignete Termin war der späte Herbst, wenn die pflanzliche Natur starb oder zumindest kein Wachstum mehr zeigte. Manche glauben, dass sich deshalb auch die Sintflut im November zutrug (am 17. Tag des zweiten Monats).

Kelten feierten den Jahreswechsel in der Nacht zum 1. November. Der Jahreswechsel wurde „Sam-Hain“ (= das Ende des Sommers) genannt. Sie gedachten dabei der toten Seelen. Am Jahreswechsel wurde um Glück für das kommende Jahr gebetet und es wurden Weissagungen (Prognosen) gepflegt. Zu dem Fest sollen große Feuer und das Opfern von Getreide und Tieren (u.U. auch von Menschen) gehört haben. Mit den Opfern sollten die Seelen der Verstorbenen besänftigt werden.

Die Menschen im Römischen Reich sollen ebenfalls im Herbst ein Fest in Erinnerung der Verstorbenen begangen haben, das

„Lemurenfest". Lemuren waren die Seelen Verstorbener, welche als Dämonen und Geister weiter die Lebenden begleiteten. Im Faust lässt Goethe Lemuren das Grab von Faust schaufeln.

Lemurenfest

Der den römischen Gottheiten gewidmete Tempel „Pantheon" wurde von Kaiser ***Phokas*** an Papst ***Bonifatius IV.*** (?, 608–615) übergeben. Dieser weihte den Tempel am 13. Mai 610 der Jungfrau Maria und allen Märtyrern (Santa Maria ad Martyres). Nach einer Quelle soll sich aus dem Weihefest im Pantheon über die Jahrhunderte Allerheiligen entwickelt haben.

Die christliche Kirche assimilierte den vermutlich nicht auszurottenden Brauch in einem Gedenktag für „alle heiligen Seelen" = „Allerheiligen". Verbindlich für die gesamte römische Kirche sei der Termin im Jahre 835 durch Papst ***Gregor IV.*** (?, 827–844) auf den 1. November festgelegt worden.

alle heiligen Seelen

Grundsätzlich ist die gesamte christliche Gemeinschaft heilig. Vermutlich durch Übernahme einer um 150 v. Chr. im Judentum aufkommenden Märtyrer-Theologie (Märtyrer = Zeuge, griechisch) haben die mit ihrem Leben bezahlenden Glaubenszeugen eine besondere heilige Bedeutung erlangt. Jene, welche für ihr Zeugnis Folter, Verfolgung oder Entbehrung erlitten, wurden „Bekenner" genannt.

In römischer Zeit war die weltliche Staatsmacht religiös leidlich tolerant, solange die göttliche Herkunft des Kaisers und die Existenz anderer Götter akzeptiert wurde. Wer einen anderen Gott etablieren wollte, musste „seinen" Gott in Rom lizenzieren lassen und damit auch die anderen Götter „anerkennend leben lassen". Dies lehnten die Anhänger des „einzig wahren Glaubens" an nur einen Gott (Monotheisten), wie Christen und Juden, ab.

Luther hielt die Anrufung der Heiligen als Nothelfer für Abgötterei. Die protestantische Kirche kennt den Heiligenkult nicht.

allen toten Seelen

Den Allerheiligen folgenden Tag 2. November widmete die römische Kirche „allen toten Seelen" = „Allerseelen". Der Feiertag wurde von ***Odilo*** (961, 992–1048), Abt im Benediktinerkloster von Cluny/Frankreich, im Jahr 1028 eingeführt. Papst Johannes XIX. (?, 1024–1032) übernahm den Feiertag in die römische Kirche. An diesem Tag wurde für die Seelen Verstorbener gebetet, die bisher keine Ruhe finden konnten, weil sie als Lebende eine zu große Schuld auf sich geladen hatten. An Allerseelen sollen die Seelen der Toten kurz an ihre alte Wirkungsstätte zurückkehren.

Nach der Reformation verwarf die protestantische Kirche den Festtag – offenbar wenig erfolgreich.

Hubertus

Der 3. November ist ***Hubertus*** (655–727) gewidmet. Er war fränkischer Pfalzgraf (von Toulouse) und lebte in Paris. Von dort musste er nach Metz fliehen. Als seine Frau, eine Prinzessin von Löwen (um 690) bei der Geburt seines Sohnes und einzigen Kindes starb, zog er sich als Einsiedler in die Ardennen zurück. Dort ernährte er sich (auch) von der Jagd. Um 705 wurde er Bischof von Tongern-Maastricht. Den Bischofssitz verlegte Hubertus 716 nach Lüttich. Dort errichtete er eine Kathedrale.

Rückzug als Einsiedler

Die Gebeine Huberts kamen 825 nach Andagium, dem heutigen St. Hubert in den Ardennen. Seit 1791 (Französische Revolution) sind sie verschwunden. Um 1450 nannte sich ein Ritterorden nach Hubertus.

Hubertus-Legende

Die Legende hat Hubertus eine Geschichte zugewiesen, welche von ***Eustachius*** (?–118) stammt. Dem römischen Offizier Placidus soll bei der Jagd auf einer Felskuppe ein Hirsch erschienen sein, welcher zwischen seinem Geweih ein Kreuz mit Jesus in einem Strahlenkranz trug. Die Erscheinung soll sich wiederholt haben und auch seiner Frau begegnet sein. Darauf ließ sich Placidus samt seiner Familie (Frau und zwei Söhne) auf den Namen Eustachius (= der Standfeste) taufen.

Eustachius verarmte, wanderte nach Ägypten aus, wurde von seiner Familie gewaltsam getrennt, fand sie jedoch später wieder. Er starb als Märtyrer unter Kaiser Hadrian (?, 117–138) und ruht in einer nach ihm genannten Kirche in Rom.

Die Bekehrung des heiligen Hubertus (Holzschnitt; Frankreich 1938).

Seit dem Jahr 1000 sollen Jäger Hubertus als Schutzpatron ansehen. An diesem Tag jagen Waidmänner in geselliger Gemeinschaft. In Kirchen werden Hubertusmessen musikalisch mit Hörnerklang begleitet. Am Hubertustag geweihtes Brot soll vor Hundebissen schützen.

Martini

Der 11. November ist dem Bischof von Tours gewidmet. Dieser Mann namens ***Martinus*** wurde um 336 in Ungarn geboren und war von 371–397 Bischof. Er starb am 8. November 397. Die Totenmesse wurde am 11. November gehalten.

Martini-Gans

Warum Martin mit einer Gans in Verbindung gebracht wird, ist nicht ganz klar. Es sollen ihn Gänse verraten haben, als er sich vor seiner Wahl zum Bischof verbarg. Nach einer Legende sollen ihn Gänse bei einer Predigt gestört haben.

Schon vor der christlichen Legendenbildung feierten die Germanen im Herbst ein Wotan geweihtes Fest. In einem norwegischen Runenkalender ist dieser Tag mit einer Gans gekennzeichnet. Mit der Gans wurde symbolisch der Sommer geschlachtet und mit dem Verzehr des knusprigen Bratens übertrug sich die Fruchtbarkeit des Sommers auf den Menschen.

Mancherorts (z. B. im Hessischen) gab es ein Schlachtfest mit Wurstbrühe, Sauerkraut und Würsten. Andernorts sind Sänger mit Laternen von Haus zu Haus gezogen, haben Lieder gesungen und dafür Äpfel, Nüsse oder anderes geschenkt bekommen.

Ende des bäuerlichen Jahres

Der 11. November markierte das Ende des bäuerlichen Jahres. Ein Teil des Gesindes (Knechte und Mägde) wurde entlassen, soweit es im Winter nicht beschäftigt (und verköstigt) werden konnte. Die Neueinstellungen erfolgten an Lichtmess (2. Februar). Durch die Entlassung der als Arbeitskräfte in den nächsten Monaten nicht gebrauchten Menschen konnte der winterliche Nahrungsengpass in der Arbeitspause ohne die nicht unmittelbar notwendigen Esser leichter überdauert werden.

Der heilige Martin (Glasmalerei, 19. Jahrhundert).

Thanksgiving Day

Am vierten Donnerstag im November wird in den USA der Erntedank gefeiert. Die Tische werden in den bunten Farben des Herbstes dekoriert. Je Familie muss i.d.R. ein Truthahn sein Leben lassen. Gut gebraten zubereitet, stärkt er beim Festessen die Feiernden.

Advent

Von den ersten Christen wurde die Zeit vor Weihnachten als Buß- und Fastenzeit betrachtet. Sie dauerte je nach Region zwischen zwei und sieben Wochen. Der achte Bischof von Tours, ***Perpetuus*** (?, 460–490?), führte das adventliche Fasten offiziell ein. Es dauerte vierzig Tage, vom 11. November bis zum 6. Januar, wobei an Samstagen und Sonntagen nicht gefastet wurde.

das adventliche Fasten

Papst ***Gregor I.*** der Große (540, 590–604) vereinheitlichte die Zeit auf vier Wochen. Fällt der Heilige Abend auf einen Sonntag, ist dies zugleich der 4. Advent. Sonst verlängert sich die Adventszeit vom 4. Advent bis zum Heiligen Abend. Beim Aachener Konzil wird die Regel im Jahr 825 in Deutschland verbindlich eingeführt.

Mit dem ersten Advent beginnt das Kirchenjahr, das „Annus Domini“, das Jahr des Herrn. Advent bedeutet Ankunft, Wiederkehr (lat. adventus = Ankunft).

Adventskranz

Im 19. Jahrhundert wurde Kindern die Wartezeit bis Weihnachten auf verschiedene Weise bildhaft vermittelt.

Adventskranz (Aquarell, ca. 1930)

- Auf einen Karton wurden 24 Felder gezeichnet. In jedes Feld wurde eine Nadel als „Bäumchen“ mit einer Süßigkeit gesteckt. Das Kind durfte jeden Tag ein „Bäumchen“ „abernten“ und zählte so selbst die Tage bis Weihnachten.

- An ein Adventsbäumchen oder einen Strauß von Baumzweigen wurden 24 Geschenke oder Schächtelchen mit kurzen Texten (christliche Sprüche, biblische Verheißungen, Lebensweisheiten) gehängt.

- Auf die Türe wurden 24 Kreidekreise oder Kreidestriche aufgemalt, von denen täglich einer durchgestrichen werden durfte.

Kranz mit 24 Kerzen

- *J.H. Wichern* (1808–1881) hat in seinem 1833 gegründeten „Rauhen Haus" bei Hamburg seit etwa 1850 einen großen Kranz mit 24 Kerzen aufhängen lassen, von denen täglich eine weitere angezündet wurde, bis am 24. Dezember alle 24 Kerzen brannten. Das Rauhe Haus war eine Erziehungsanstalt (für jugendliche Straftäter) und die Keimzelle der Inneren Mission der evangelischen Kirche. *Wichern* ließ schließlich vom ersten Sonntag im Advent an jeden Sonntag eine große, weiße Kerze auf den von der Decke hängenden runden, hölzernen Reifen stellen und an den Werktagen kleine, rote Kerzen dazwischen. Später (nach 1860) wurde der Kronleuchter mit Tannenzweigen verziert, womit der Adventskranz geboren war. Auf die Tische des Hauses wurden kleinere Kränze gestellt.

Christkronen

Damit wurde ein Brauch wiederbelebt, der um das Jahr 1700 in der Gegend von Berlin belegt ist. Es wurden damals Lichterkränze als „Christkronen" in der Weihnachtszeit umhergetragen. Um 1850 soll in einer Kirche in Pommern an jedem Adventssonntag eine weitere Kerze entzündet worden sein. Dieser Kerzenschmuck stand zunächst auf einem grünen Baum, später auf einem grünen Kranz.

Möglicherweise hat die Naturbegeisterung der „bündischen Jugend" (um 1910) den Siegeszug des Adventskranzes gefördert. Jedenfalls ging der Adventskranz von Norddeutschland aus und war oft nur in evangelischen Familien üblich. Im Jahr 1928 zeigte eine Untersuchung im Umfeld von Tübingen: In protestantischen Orten war der Adventskranz über Pfarrer, Lehrer und kirchliche Vereine in die Familien zumindest bei den Wohlhabenden eingekehrt. Die katholischen Familien pflegten diesen Brauch damals noch nicht.

Vor allem evangelische Christen prägten diesen Brauch. Bei den Pietisten (strengen Protestanten) wurde im häuslichen Kreis täglich gebetet, meist gemeinsam gesungen und in der Bibel gelesen. Die symbolischen Zeichen dienten dazu, den Kindern eine Zeitvorstellung zu vermitteln und sie verstärkten deren Vorfreude auf Weihnachten.

Adventskalender

Gerhard *Lang* stammt aus einer kinderreichen Pfarrersfamilie im württembergischen Maulbronn. Er trat am 29. Februar

1908 in München in die „Reichholdsche Druckerei" als Teilhaber ein. Diese druckte im Herbst 1908 den ersten Adventskalender. Er wurde „Weihnachtskalender" genannt und bestand aus einem dünnen Blatt mit 24 Bildern und aus einem starken Untergrundkarton mit einem Steindruck. Auf der Vorderseite des Kartons waren 24 Felder mit Zahlen und Texten versehen. Die Kinder lasen den Text des Feldes und schnitten täglich eines der dazugehörigen Bilder aus dem Blatt aus, um es auf den Karton zu kleben. Am 24. Dezember war dann der Bilderbogen vollständig. Die jetzt zugeklebten Verse der Vorderseite waren auch auf die Rückseite des Kartons gedruckt.

Weihnachtskalender

Es entstanden Abreißkalender mit Albumblättern oder Uhren zum Drehen mit 24 Zahlen. Eine der ältesten dieser „Himmelsuhren" entstand im Jahr 1925. Beim Öffnen der Felder wurden scherenschnittartige Zeichnungen sichtbar. Schließlich entwickelten sich Bilderbögen mit Fenstern zum Öffnen.

Himmelsuhren

Sowohl in München als auch in Stuttgart (Sellmer Verlag) gab es ein Herstellungszentrum für Adventskalender. Stuttgart wurde nach dem Zweiten Weltkrieg durch die dort hergestellten Bilderbögen (Marktplätze, Stadtansichten) bekannt. Die Hauptproduktionszeit liegt im ersten Halbjahr, weil schon zwischen April und Juni der Export ins Ausland (vor allem in die USA) erfolgt.

Der Nikolaus

Nikolaus hießen in Myra mehrere Bischöfe. Myra war eine Stadt in der heutigen Türkei, die im Jahr 2000 ein unbedeutender Ort bei Demre war. Er liegt rund 100 km westlich von Antalya. Nikolaus bedeutet „Sieger des Volkes" (griech.). Der berühmt gewordene Nikolaus lebte von 270 bis 342. Er starb am 6. Dezember, weshalb ihm dieser Tag geweiht wurde.

Sieger des Volkes

Bei der Christenverfolgung unter Kaiser Diokletian (um 310) wurde er gefoltert, dafür erhielt er den Ehrentitel „Bekenner". Der Schwiegersohn Diokletians, Gajus G. Valerius ***Galerius*** (250–311), entließ alle Christen aus dem römischen Heer und vollzog mit Härte das von Diokletian am 3. Februar 303 erlassene Edikt gegen das Christentum. Der 60-jährige schwer kranke Galerius erkannte, dass das Christentum nicht auszurotten war und tolerierte Christen ab April 311, solange sie nicht der militärischen Disziplin schadeten. Mit dem Toleranzedikt von Mailand im Jahre 313 (unter Konstantin) waren die Probleme der staatlichen Verfolgung endgültig beseitigt. Auf dem Konzil zu Nicäa (325) beeinflusste Nikolaus das Glaubensbekenntnis („War Jesus wesensgleich mit Gott?").

Schon in der alten Kirche war Nikolaus der Patron für Kinder und Schüler. Weil die Dichte wissenschaftlicher Ausbildungs-

Patron für Kinder und Schüler

stellen im Mittelalter sehr gering war, mussten Schüler und Studenten meist längere Reisen zu ihrer Schule oder Universität unternehmen. Wenn sie von zu Hause kamen, hatten sie ihr „Schulgeld" dabei. Das Geld war notwendig für die von ihnen zu bezahlenden Lehrer, die Schuleinrichtung und für den Lebensunterhalt. Sie waren dann lohnende Opfer für einen Raub.

Nach einer Legende soll ein Gastwirt drei Schüler ermordet und in ein Fass eingepökelt haben. Der Wirt hatte also das Fleisch der Knaben eingesalzt, damit es nicht verdirbt. Diese armen Opfer soll Nikolaus wieder zum Leben erweckt haben. Aus der Legende heraus entwickelte sich in mittelalterlichen Klosterschulen das Knaben-Bischofsfest. Es wurde am 6. Dezember dadurch gefeiert, dass unter den Schülern ein Kinder-Bischof gewählt wurde, der für 24 Stunden die Herrschaft in der Klosterschule übernahm. Nikolaus war dabei immer der Bekämpfer des Bösen.

Geschenke in Schuhen

Nikolaus soll drei Mädchen (arme Jungfrauen), deren Vater verarmt war und ihnen deshalb keine standesgemäße Hochzeit ausrichten konnte, jeweils einen Beutel mit Gold (oder drei goldene Äpfel) geschenkt haben, um diese vor der Arbeit im Bordell zu bewahren. Die Sitte, Geschenke in die bereitgestellten (und geputzten) Schuhe zu legen, ist erst seit dem Jahre 1500 bekannt und entwickelte sich aus dieser Legende.

Nikolaus wurde schließlich zum Schutzpatron vieler Gewerbezweige: Bierbrauer, Schnapsbrenner, Flößer, Seefahrer.

Bekannt wurde Nikolaus erst nach dem Jahr 1087 (oder 1072). Damals wurden seine? Gebeine von vierzig apulischen (normannischen) Geschäftsleuten geraubt und in ihre Heimat nach Bari gebracht. Dort soll sich noch heute der größte Teil befinden. Die Knochen wurden als Reliquien verehrt. Um das Jahr 1222 wurde sein Namenstag zum kirchlichen Feiertag erklärt.

Gelegentlich wird vermutet, die Geschichte um den Nikolaus ginge auf einen muslimischen Derwisch zurück, einen der Armut verpflichteten Wanderprediger. Sein geistlicher Name war Sari Saltuk, eigentlich hieß er Mehmet Buchara. Er lebte um das Jahr 1350 im Gebiet der heutigen Türkei und er forderte, den Kindern alle Liebe dieser Welt zuteil werden zu lassen und sie auch großzügig zu beschenken.

Knecht Ruprecht

Schon am Ende des Mittelalters (1500) war es üblich, dass Kinder (Schüler) vom Nikolaus geprüft und anschließend belohnt wurden. Etwa um das Jahr 1650 wurde dem Nikolaus ein gebändigter Teufel als Knecht beigegeben, der auch bestrafen konnte. Dieser Knecht hatte verschiedene Namen, je nach der Gegend, in welcher der Brauch gepflegt wurde. Er hieß Ruprecht, Krampus, Kinderfresser, Klapperbock oder

Habergeiß und hatte in den letzteren Fällen eine tierische Gestalt.

Der begleitende raue Geselle hat seine Wurzel vermutlich in Wotan oder Odin, dem im Winter über den Himmel jagenden Oberhaupt der germanischen Götterwelt. Er soll den Beinamen „hruod precht“ (Hrod preht) = ruhmreicher Precht = Ruprecht besessen haben. So wurden christlicher Glaube und Mythen der älteren Naturreligion verwoben.

Der erste Bischof in Salzburg namens ***Rupert*** (+718?) oder Hrodpert, wurde gelegentlich auch Ruprecht genannt. Er wurde heilig gesprochen. Sein Name kann leicht mit dem Nikolaus begleitenden St. Ruprecht assimiliert werden. Ihm zu Ehren gibt es in Salzburg einen Ruperti-Tag am 24. September, in Erinnerung an die Domweihe im Jahre 774.

Weihnachtsmann

Um 1800 begann sich der Kinderschreck Ruprecht und der Kinderfreund Nikolaus in der umfassenden Autoritätsfigur des Weihnachtsmannes zu vereinen. In der Form, in der wir heute den Nikolaus-Tag begehen, fand der Brauch erst nach 1800 größere Verbreitung.

Rentiere

Der von Rentieren gezogene Schlitten wurde dem Nikolaus im Jahr 1822 von ***C.C.Moore*** in der Geschichte „Die Nacht vor Weihnachten“ angedichtet. Der in Troy (300 km nördlich von

New York) lebende Professor Moore hatte, vermutlich in Unkenntnis der schlechten Zähmbarkeit von Rentieren, diese „Zugpferde" erfunden. Rentiere lassen sich schwerer als Pferde vor einen Schlitten spannen, außerdem sind sie keine schnellen Spurter, sondern Dauerläufer. Um die Weihnachtszeit haben die männlichen Rentiere oft ihre Geweihe schon verloren. In dieser Zeit Geweihe tragende Rentiere sind deshalb weibliche Tiere, weil diese den Hauptschmuck erst im Frühjahr verlieren.
Der Nikolaus hatte in jeder Region und Geschichte eine andere Gestalt. Der heute übliche rot und weiß/silbrig gekleidete ältere Mann entstand 1931 als Werbefigur der Firma Coca-Cola. Im Rahmen dieser Werbekampagne erhielt der Weihnachtsmann auch die sieben Rentiere mit dem Chef-Rentier Rudolf.

Geschenke vom Nikolaus

Die den Kindern am Nikolaustag gegebenen Geschenke wurden im protestantischen Elsass um 1570 auf Weihnachten verlegt. Protestanten wollten so die Verehrung eines Heiligen der römischen Kirche vermeiden. Die Bescherung wurde auf die Nacht vor Weihnachten (den Heiligen Abend) verlegt. Diese Verlegung der Bescherung sei Folge einer 1570 gehaltenen Rede von Pfarrer *J.Flimmer* (1520–1578) in Straßburg gewesen. Damals sei auch der St. Klausenmarkt bzw. St.

Weihnachtsmarkt

Nikolausmarkt durch den Christkindlmarkt ersetzt worden. Die theologische Grundlage für diese Verschiebung hat wohl schon Martin ***Luther*** (1483–1546) im Jahr 1535 gelegt. Ihm waren die Heiligen (wie Barbara, Martin oder Nikolaus) zu katholisch. Der von ihm genannte „Heilige Christ" war am 25. Dezember eher ein „Christkindchen", welches in einer Krippe lag und keine Geschenke verteilen konnte. So entwickelte sich eine die Bescherung durchführende Lichtgestalt, welche oft von Mädchen gespielt wurde.

Pfefferkuchen

Die im Advent und an Weihnachten gepriesenen Pfefferkuchen waren nicht mit Pfeffer gewürzt. Um 1400 wurden alle exotischen Gewürze pauschal „Pfeffer" genannt, also auch Zimt und Nelken. Die Leb- oder Pfefferkuchen entwickelten sich aus den Honigkuchen. Honig war im Mittelalter der einzige und deshalb sehr teure Zucker. Obgleich schon im Jahr 1296 in Ulm an der Donau ein Lebkuchenbäcker nachgewiesen ist, machten die Nürnberger das Rennen, weil dort die Honiglieferanten (Zeidler) 1350 ein staatlich geschütztes Handelsrecht (Monopol) erhielten und weil durch Nürnberg wichtige Handelsstraßen verliefen.

Zucker

In Asien soll zwar schon um das Jahr 300 die Herstellung von festem Zucker bekannt gewesen sein, in Mitteleuropa wurde aber erst nach 1500 Zucker in kleinen Mengen erzeugt. Als nach dem Jahr 1800 die Technik der Zuckerherstellung zunehmend verbessert wurde, konnten sich diesen Luxusartikel auch Durschnittsverdiener leisten.

Printen

Die Plätzchen sollen ihre Wurzel in Brotstücken haben, welche am Ende einer Messfeier gesegnet und an die Gläubigen verteilt wurden. Später soll man dieses Brot mit einem Stempel mit christlichen Symbolen gekennzeichnet haben. Der Name Printen hätte demnach seinen Ursprung in diesem Stempel (to print = aufprägen), ebenso der Name Spekulatius (speculum = Spiegel, Abbild, lateinisch).

Nach Berechnungen von 1999 hätte der Nikolaus ein Geschenkvolumen von 378000 Tonnen je Jahr zu verteilen. Wenn er sich für die Verteilung 24 Stunden Zeit ließe, müsste er in jeder Sekunde 4,4 Tonnen bzw. 875 Lieferungen à 5 kg zustellen. Der Transportschlitten müsste dabei 3000-fache Lichtgeschwindigkeit erreichen – von den notwendigen 360000 Rentierstärken ganz zu schweigen.

„Nikolaus kommt“ (Aquarell)

Weihnachten

Der Name des Weihnachtsfestes

Um das Jahr 1170 schreibt ***Sperrvogel***: „Er ist gewaltic und stark, der zu wihen naht geboren wart!" Somit stammt der Name dieses Festes von der „geweihten Nacht". Im christlichen Glaubensbereich war die Nacht dem um diese Jahres- und Tageszeit geborenen Jesus geweiht.

geweihte Nacht

Der bei Straßburg lebende deutsche Humanist Beatus ***Rhenanus*** (1485–1547) meinte, der Name hätte seine Wurzel in einem Brief des Missionsbischofs Wynfnith ***Bonifatius***(642, 722–754) an den Papst ***Zacharias*** (?, 741–752) aus dem Jahr 742. In diesem Brief beklagt sich Bonifatius darüber, dass sich die Alemannen, Bayern und Franken das unsittliche Feiern nicht verbieten ließen, zumal sie wüssten, dass selbst in Rom am Jahreswechsel nach heidnischer Sitte gefeiert würde. Rhenanus folgert daraus fälschlicherweise, weil die Germanen an hohen Festen Tag und Nacht Bier und Wein becherten, hieße ihr Winterfest eben „Wein-Nacht".

Das Weihnachts-Datum

Germanen feierten zur Wintersonnwende das Julfest. Der Tag mit der längsten Nacht des Jahres ist heute der 21. Dezember.

Wintersonnwende

In einem syrischen Kult soll die Göttin Astarte in der Nacht der Wintersonnwende das göttliche Kind Tamuz geboren haben. Dadurch sei den Menschen das (Sonnen-)Licht wiedergeschenkt worden.

Der 25. Dezember wurde offenbar im alten römischen Kalender als Tag der Wintersonnwende angesehen. Römer begingen den Mittwinter mit Feiern zur Fruchtbarkeit und mit Ritualen zur Erinnerung an die Endlichkeit des Lebens.

Invictus – unbesiegbar

Mithras war eine um Christi Geburt im Römischen Reich häufig verehrte Gottheit. Die Wurzel des Glaubens an Mithras liegt im arischen (persischen) Lichtgott (vor 1000 v. Chr.). Am Ende des Äon wird die Erde verheert. Der Ur-Stier wird wiedergeboren und Mithras kommt ebenfalls auf die Erde zurück. Mithras bezwingt den Stier und aus dem Körper des sterbenden Stieres entsteht auf wundersame Weise Leben. Mithras ist der Unbesiegbare „Invictus".

Es wird vermutet, dass mit dem Stier das Sternbild gemeint ist, welches in den Jahren 4900 bis 1800 v. Chr. zur Frühlings-Tag-und-Nacht-Gleiche am Himmel stand. Das Sternbild „Stier" wurde durch den „Widder" abgelöst. Der Wechsel um das Jahr 1800 v. Chr. soll mit der Tötung des Stieres durch Mithras gemeint sein. Seit 50 v. Chr. steht das Sternbild „Fische" zum Frühjahrspunkt am Himmel, um das Jahr 2600 wird der „Wassermann“ diese Rolle übernehmen. Grund für diesen Wechsel ist das Schwanken der Erdachse um die Senkrechte. Wie ein tanzender Kinder-Kreisel um seine Senkrechte schwankt, so taumelt auch die Erdachse. Dies wird Präzession genannt und eine Periode dauert bei der Erdachse etwa 25800 Jahre.

Strahlenkrone

Mit dem arischen Gott mit Strahlenkrone identifizieren sich Imperatoren. Der Unsterblichkeit und letztendlich den Sieg versprechende Lichtgott wurde von den durch frühen Tod besonders gefährdeten römischen Legionären als anzubetender Gott übernommen.

Um die Zeitenwende verbreiteten römische Soldaten und reisende Kaufleute den Kult im Römischen Reich. Dort wurde der ausschließlich Männern offene Ritus um 200 n. Chr. zum häufigsten Kult. Legionäre betrachteten Mithras als ihren Schutzgott.

Kaiser ***Heliogabalus*** (204?, 218–222) ist Anhänger eines Baal genannten Sonnengottes. Er macht die Wintersonnwende am 25. Dezember zum wichtigsten religiösen Fest im Jahr. Als Gegenreaktion reklamiert der römische Bischof ***Hippolytos*** (170?, 217–235) dieses Datum als Geburtstag Christi. Ihm steht Papst ***Calixt I.*** (Kallistos) (?, 217-222) gegenüber, der vermutlich die Mehrheit der Christen vertrat.

Bis um das Jahr 300 feierte die christliche Kirche die „Geburt des Herrn“ am 6. Januar. Dieser Tag war nach ***Basilides*** von ***Alexandria*** (um 150) der Gedenktag zur Taufe Jesu. Erstmals soll im Jahre 217 der römische Gegenpapst (***Hippolytos***) die Geburt Christi am 25.12. gefeiert haben. Die Festlegung auf den 25. Dezember als Geburtsdatum Christi erfolgte vermutlich nach dem Tod von Papst ***Marcus*** (?, †7.10.336) im Jahre 336 durch Bischöfe unter Kaiser Flavius Valerius ***Constantinus*** (280, 306–337). So wurden die an diesem Tag üblichen Feiern zum „Tag der Geburt der unbesiegbaren Sonne“ = „Dies Natalis Solis Invictus“ christlich transformiert.

6. Januar

25. Dezember

Die christliche Transformation der Sonnengottfeiern auf die Geburt Jesu kann sich auf den Propheten ***Maleachi*** (um 450 v. Chr.; 3. Kapitel, Vers 20) berufen: Den Gläubigen „soll aufgehen die Sonne der Gerechtigkeit“. Sowohl im Alten wie im Neuen Testament wird mehrmals vom Licht des Herrn oder Licht des Glaubens gesprochen: „Denn Gott der Herr ist Sonne und Schild“ (Psalm 84, V.12) Bezogen auf Jesus: „Sein Angesicht leuchtete wie die Sonne“ (Matthäus 17, V.2).

Kaiser Konstantin tolerierte die christliche Religion ab 313 unter Papst ***Miltiades*** (?, 310–314) mit den Edikten von Mailand. Damit war das Christentum – wie viele andere Religionen – eine „religio licita“, eine staatlich lizenzierte Glaubensgemeinschaft. Mit der Einberufung des Konzils nach Nicäa im

religio licita

Jahre 325 kann die christliche Kirche als die staatlich bedeutendste Religion im Römischen Reich angesehen werden. Konstantin selbst soll sich erst (in der eigenen Kraft geschwächt?) kurz vor seinem Tode habe taufen lassen. Seine Mutter und seine Frau waren früher getaufte Christen.

Den Monopolanspruch auf den rechten Glauben erhielt die christliche Kirche im Römischen Reich unter Kaiser ***Theodosius*** (347, 379–395) im Jahre 380. Papst war seinerzeit ***Damasus I.*** (305, 366–384). Damals soll die Feier zu Jesu Geburt verbindlich (als Dogma) auf den 25. Dezember gelegt worden sein und die erste offizielle Weihnachtsfeier habe 397 in Konstantinopel (Byzanz, Ost-Rom) stattgefunden. Die Patriarchen von Alexandrien, Jerusalem und Antiochien sollen der Fixierung dieses Datums erst unter Papst ***Anastasius*** (?, 399–402) zugestimmt haben. Damit verlor der 6. Januar einen großen Teil seiner Bedeutung.

Andere Quellen legen das Datum des ersten kirchlichen Weihnachtsfestes auf das Jahr 354 (unter Papst ***Liberus*** 352–366) in die Regierungszeit von ***Konstantin II.*** (317, 337–361).

Der Kirchenlehrer Aurelius ***Augustinus*** (354–430) rechtfertigte die Übernahme des heidnischen Feiertages: „Wir feiern den 25. Dezember nicht wegen der Sonne wie die

Ungläubigen, sondern wegen der Geburt dessen, der die Sonne erschaffen hat."
In den ersten Jahrhunderten soll Christus teilweise als Sonnengott auf einem Triumphwagen dargestellt worden sein. Noch unter Papst ***Leo I.*** (?, 440–461) sollen römische Christen an Weihnachten auf den Stufen von St. Peter die Sonne verehrt haben.

Das wahre Datum

Die Fixierung des Datums auf den 25. Dezember beendete die Suche nach dem „wahren" Geburtstag, der nach diversen Berechnungen am 17. November im Jahre 3 v. Chr. (***Clemens v. Alexandrien***, 150? †215), am 28. März (T. C. ***Cyprian***, *um 200, Bischof von Karthago seit 249, †258) oder 20. Mai (***Epiphanius*** von Salamis, *315, 367–403) gewesen sein soll. Nach dem Bericht, dass „Hirten in derselben Gegend auf dem Felde" waren und „des Nachts ihre Herde" hüteten (Lukas 2 V.8), kann geschlossen werden, dass das Ereignis nicht im tiefen Winter (Dezember bis Februar) stattfand, weil dann die Schafe nachts bevorzugt in Ställen standen.

Die Mainzer Synode im Jahr 813 übernahm für den Nordalpenraum den 25. Dezember als Geburtstag Christi (festum nativitas Christi).

Weihnachten war das erste Kirchenfest, welches keine jüdischen Wurzeln hatte (Ostern, Passah, Pfingsten, jüdisches

Saatfest). Für die alte christliche Kirche war die österliche Auferstehung das höchste Fest. Für den kirchlichen Lehrmeister Augustinus war der Geburtstag Christi nur ein Erinnerungsdatum und kein Kirchenfest.

In Bethlehem im Stall (Gemälde).

Literatur

LUETGE, M. (1996): Iranische Motive im „Zostrianos" von Nag Hammadi. Diss. Univ. Bochum.

Der Geburtsort von Jesus

Der Sage nach wurde der Sonnengott Mithras in einer Höhle geboren.

Der Geburtsort Christi war nach ***Matthäus*** (2, Vers 11) in einem Haus. ***Lukas*** (2, V.7 u. 12) spricht nur von der Wiege des Kindes, einer Krippe, woraus unbelegt gefolgert wird, dass Jesus in einem Stall geboren wurde.

Geburtsgrotte

In Bethlehem gibt es eine Geburtsgrotte (Höhle), über der Constantins Mutter ***Helena*** (257–336, zeitweilig Schankwirtin und Konkubine bis 289, getauft um 312) und ihr kaiserlicher Sohn die Geburtskirche errichten ließ (326–339).

Sie wurde bei einem Aufstand der Samariter im Jahr 529 zerstört. Kaiser ***Justinianus*** (482, 527–565) baute sie 540–549 wieder auf. Der Sonnengott Mithras soll bei der Wintersonnwende aus dem Dunkel einer Höhle wiederauferstehen bzw. -geboren werden. Höhlen, in denen die römischen Besatzer ihrem Kult huldigten, sind aus auch Deutschland bekannt.

Unter dem römischen Kaiser ***Hadrian*** (?, 117–138) wurden sowohl in Jerusalem als auch in Bethlehem in Grotten kultische Handlungen gepflegt (z. B. zu Ehren von Mithras oder Adonis). In der Grotte zu Bethlehem soll nach dem Bericht eines Rhetorikprofessors aus Palästina (***Justin***) schon um 165 ein christlicher Kult ausgeübt worden sein, möglicherweise neben dem nicht-christlichen Kult. Vielleicht war die Grotte um 240 schon in christlichem Besitz. Jedenfalls unterstützt ***Origines*** (185–253) in einer Streitschrift die Behauptung, Jesus sei in der Höhle zu Bethlehem geboren worden.

Höhlenkulte

Möglicherweise wurden tatsächlich immer wieder Menschen in einer der vielen Höhlen um Bethlehem geboren, welche sich in den umgebenden Felsen befinden. Dort wurde Vieh untergebracht und Hirten nächtigten dort.

Jesus wurde wahrscheinlich in seinem Elternhaus in Nazareth und weder in einem Stall oder in einer Höhle noch in Bethlehem geboren.

Der Weihnachtsbaum

Naturreligionen

In alten europäischen Naturreligionen spielten Bäume eine große Rolle. Der tief in die Erde wurzelnde Baum, dessen Spitze hoch in den Himmel ragt, war ein Bindeglied zwischen irdischer und himmlischer Welt. Die Indogermanen sahen im Baum das Symbol für fortwährendes Leben und ständiges Wachstum. Sie erkannten, dass Bäume viele hundert Jahre alt werden können und betrachteten diese lange Zeit offenbar als eine Ewigkeit. Außerdem sahen sie, dass auch alte Bäume jedes Jahr neu austreiben, oft blühen und Samen bringen. So sollen sie bei den unterschiedlichsten Festen in den verschiedenen Jahreszeiten grüne, teils auch blühende Bäume geschmückt und aufgestellt haben. Bäume bringen Glück und Segen, Gesundheit und Wachstum. Im Mai- und Kirmesbaum ist diese Ansicht noch enthalten.

Gesundheit und Wachstum

In Kanaan waren Bäume Hüter sakraler Verehrung, wie bei vielen „Naturreligionen“ (z. B. den Kelten und Germanen). So errichtete Abraham im (heiligen) Hain zu Mamre (bei Hebron) dem Herrn einen Altar (1. Mose 13 V.18). Dort erschien ihm der Herr (1. Mose 18). Der sich entwickelnde (jüdische) Kult des Jehova war gegen Bäume als sakrale Symbole: „... ihre Altäre sollst du umstürzen und ihre Götzen zerbrechen und ihre Haine ausrotten“ (2. Mose 34 V.13, ähnlich 5. Mose 16 V.21). Dieses Verhalten übernahmen die christlichen Missionare.

Baumkult

Besonders während der winterlichen Sonnenwende und während 12 heiliger Nächte sollen kultische Handlungen mit Zweigen oder Bäumen betrieben worden sein. Germanen feierten zur Wintersonnwende das Julfest. Römer begingen den Mittwinter mit Feiern zur Fruchtbarkeit und Ritualen zur Erinnerung an die Endlichkeit des Lebens. Vor allem wintergrüne Zweige von Tanne, Kiefer, Fichte, Stechpalme, Mistel wurden bei kultischen Handlungen verwendet.

Die Missionare des neuen christlichen Glaubens aus Vorderasien haben neue Symbole des Glaubens gesetzt und versucht, die Wurzeln der alten Naturreligionen auszumerzen. Riten mit Bäumen wurden (zumindest zeitweilig) gemieden oder verboten. In Konzilen der römischen Kirche soll immer wieder „die Tilgung aller Spuren von alten Kulten, insbesondere von Bäumen und Hainen, die damit in Zusammenhang stehen" gefordert worden sein.

Martinus von Tours (336, 371–397), der Sohn eines Römers, habe sich nahe von Autun (Frankreich) an eine Kiefer binden lassen und dann eine gegenüberstehende heilige Kiefer fällen lassen, um zu zeigen, dass sein Gott verhindere, dass die fallende Kiefer ihn erschlage. Beim Konzil von Arles (452) wird gefordert, dass die Menschen vom gotteslästerlichen Baumkult lassen sollen. Benedikt von Norcia (480–547) soll den heiligen Hain auf dem Monte Casino (Italien) in Flammen haben aufgehen lassen (um 529), bevor er dort ein Kloster errichtete. Bonifaz (672–754) fällt bei Geismar die heilige Thor-Eiche (723). In den Jahren 665 und 666 werden in Irland die fünf heiligen Bäume der fünf alten Provinzen gefällt (drei Eschen, je eine Eiche und Eibe). Karl der Große (747–814) lässt nach der Eroberung der Eresburg im heiligen Hain der Sachsen die Irminsul (eine gewaltige hölzerne Säule?) umlegen (772). Noch nach der Jahrtausendwende wetterte mancher Missionar gegen die Suche des Heils bei einem (bestimmten, heiligen) Baum.

Irmin-Sul

Möglicherweise gab es mehrere Irminsul (Irmin-Sul = Universum-Säule). Diese baumförmigen Säulen stützten den Himmel und waren dadurch Verbindungsglied zwischen Erde und Himmel. Auf einem christlichen Relief bei den Externsteinen (nahe Detmold) soll eine vom siegreichen christlichen Glauben geknickte Irminsul zu sehen sein. Die Abbildung zeigt, dass die Säule ein ausladendes Kapitell hatte, welches die Kronenbasis eines Baumes nachformt.

Die Angehörigen germanischer Stämme stellten an manchen Festtagen grüne Bäume auf. Die alten und zunächst vermutlich nicht mehr praktizierten Rituale aus germanischer Zeit kamen also nicht vollkommen in Vergessenheit. Möglicherweise wurde eben doch an manchen Festtagen ein grüner Baum aufgestellt.

Grüne Reiser waren Fruchtbarkeitssymbole. Selbst Holz als das Produkt der Bäume hatte eine mythische Bedeutung. So wurde zur Wintersonnwende (dem Julfest) ein (Eichen-)Holzblock am Herdfeuer entflammt. Dieses Holzstück wurde „Julblock" genannt. Seine wärmende Flamme wurde als Zeichen der Wiedergeburt der Sonne betrachtet.

Im Jahr 1494 schreibt ***S. Brant*** (1458–1521) von geschmückten Tannenzweigen, welche an der Decke aufgehängt werden. Er sieht darin einen verdammenswerten Aberglauben: „Und wer nit was nuwes hat und umb das nuw jor syngen gat und gryen tann risz steckt in syn husz, der meynt, er leb das jor nit usz." (Und wer nicht was Neues hat und um das neue Jahr singen geht und grünes Tannenreis in sein Haus steckt, der meint, er lebe das Jahr nicht zu Ende.) Sebastian Brant hat mit „das Narrenschiff" den ersten „Bestseller" der deutschen Literatur verfasst.

Mit dem Wohlstand wurden aus den Zweigen ganze Bäume. Anfangs sollen die Nadelbäume teils kopfüber an die Decke gehängt gewesen sein, wie die früheren Zweige.

Im 16. Jahrhundert lebt am Oberrhein und Elsass der Brauch des wintergrünen Schmucks bei Adligen wieder auf. Um das Jahr 1509 soll in Schlettstadt/Elsass ein Christbaum gestanden oder gehangen haben. Später übernehmen reiche Bürger diese

Art, ein Zimmer zu schmücken. 1539 soll zum ersten Mal im Münster zu Straßburg ein Weihnachtsbaum gestanden haben.

Weihnachtsbaum

Das Aufstellen eines Weihnachtsbaumes scheint zumindest im Elsass sehr schnell zur Mode geworden zu sein, denn bereits im Jahr 1530 (möglicherweise schon 1448) verbot die Gemeinde Ammerschweier (bei Kaysersberg, Elsass) den Bürgern zwei Bäume zu schlagen und verlangte, dass der Baum maximal 2,5 m lang sein soll: Es soll kein Bürger auf Weihnachten mehr denn „ein Meyen hawen, soll nit lenger sein, dan acht Schuo lang.“

In Schlettstadt ist im Jahre 1555 das Aufstellen des Weihnachtsbaumes und die Selbstversorgung zur Gewohnheit geworden, weshalb zum Schutz der Waldkulturen die Selbstbedienung verboten wurde: „Niemand soll wyhenachtmayen hawen, by daruff gesetzter straff.“ (Niemand soll Weihnachtsmaien hauen, bei darauf gesetzter Strafe.) Förster mussten den Maien zu Weihnachten beschaffen und erhielten dafür Geld.

Im Zunfthaus zu Bremen steht um 1570 ein kleiner mit Äpfeln, Nüssen, Datteln und Papierblumen behängter Tannenbaum, das „Dattelbäumchen“. Kinder der Zunftgenossen durften ihn zu Weihnachten abschütteln (abernten). Ähnliches wird 1597 von der Zunft der Schneider in Basel berichtet.

Im Jahre 1597 ist in Türkheim bei Colmar ein Weihnachtsbaum beurkundet und zwar über eine Rechnung der Stadt für den Baumschmuck, der über vier Gulden gekostet hat. Geschmückt war der Baum durch gefärbtes Papier, Äpfel, Fäden und Backwaren.

1603 steht in Straßburg ein Baum mit Papierrosen, Äpfeln, Knistergold und Zuckerwerk. 1604: „Auff Weihenachten richtet man Dannenbäum zu Strasburg in den Stuben auff, daran hencket man roßen auß vielfarbigem papier geschnitten, Aepfel, Oblaten ..." (Auf Weihnachten richtet man Tannenbäume zu Straßburg in den Stuben auf, daran hängt man Rosen aus vielfarbigem Papier geschnitten, Äpfel, Oblaten ...)

Baum-Mode

Im Jahr 1611 scheint aus der Freude, Weihnachtsbäume aufzustellen, eine Mode mit einer Tendenz zum „Zweitbaum" geworden zu sein. Die Gemeinde Türkheim verordnete deshalb, dass jeder Bürger nur einen Weihnachtsbaum abhauen darf, „bey Straf von 5 Batzen". Kontrolliert wurde an den Stadttoren.

Die Mode hat schon damals also einen Massenbedarf aus dem grünen Baum im Zimmer gemacht. Bäume waren ein „Luxus", den sich nur Waldberechtigte, wie Bürger waldreicher Gemeinden oder Waldeigentümer und Reiche leisten konnten.

Die Freude am Weihnachtsbaum wurde durchaus nicht von allen geteilt. 1654 wird dieser Brauch von ***J.K. Dannhauer*** (1603–1666) in einer Predigtsammlung heftig verdammt, weil durch die äußerlichen Lappalien Gottes Wort in den Hintergrund trete. 1698 konnten auf dem Christmarkt in Danzig mit Früchten behangene Bäume gekauft werden.

konfessionelle Unterschiede

Offenbar ist der Weihnachtsbaum im Wesentlichen von Protestanten gefördert worden, während die katholische Kirche den heidnischen Brauch zumindest nicht förderte, in einzelnen Fällen sogar bekämpfte.

Im katholischen Freiburg i. Br. war 1554 das Abhauen von „weyhenacht-meyen“ ausdrücklich verboten. Allerdings gab es auch im katholischen Freiburg zumindest ab 1625 diesen Brauch: In der Herrenstube des Heiliggeistspitals wurde ein großer Weihnachtsbaum aufgestellt und mit leckerem Backwerk und Obst geschmückt. Der bis zum neuen Jahr unberührte Baum wurde dann durch die Stadt getragen und vom „Altgesellen“ geschüttelt, damit die Armen herabfallendes Backwerk und Obst auflesen konnten.

Noch im Jahr 1693 drohte Kurfürst Friedrich III. von Brandenburg mit „fiskalischer Inquisition“ (also Geldstrafen) jenen „Verbrechern“, welche um Weihnachten mit Hörnern blasen und Bäume mit Kränzen (so genannte Los-Bäume) aufrichten, um die das junge Volk „ranzert“ (tanzt) und Unfug dabei treibt. Begründet war das Verbot mit der Feuersgefahr durch offenes Licht und aus Sorge um die sittliche Verwahrlosung.

Krippen- und Hirtenspiele

In katholischen Kreisen wurden Krippen- und Hirtenspiele an Weihnachten aufgeführt. In evangelischen Familien wurde die Weihnachtsgeschichte vorgelesen und es wurden Weihnachtslieder gesungen. Noch kurz vor 1900 wurde gelegentlich der Protestantismus als „Tannenbaum-Religion“ bezeichnet. Seit 1900 haben jedoch beide Konfessionen den Christbaum als Symbol übernommen und ihre Kirchen damit geschmückt. Allerdings wurde noch im Jahr 1935 in der vatikanischen Zeitung „Osservatore Romano“ die Sitte, zum Weihnachtsfest einen Lichterbaum aufzustellen, als ein Überbleibsel heidnischer Naturgebräuche bezeichnet.

Erst nach 1700 kam unter den Baum die Krippe. Dabei ist eine Krippe als weihnachtliches Symbol durch Franz von ***Assisi*** (1181–1226) schon um das Jahr 1223 an Weihnachten aufgestellt worden. Im 16. Jahrhundert stellten Jesuiten Krippen in Kirchen auf. Um 1700 gab es in Augsburg zahlreiche Kupferstecher mit dem Markenzeichen „Augusta Vindelicorum“. Aus deren Werkstätten kamen Ausschneidebögen mit Krippen. Die von Kindern oder Erwachsenen ausgeschnittenen Abbildungen konnten auf Holz aufgeklebt werden. Die Teile wurden dann zur weihnachtlichen Krippe zusammengestellt.

Liselotte von der Pfalz berichtet (1708) von Buchsbäumchen, auf deren Zweige Kerzen angebracht wurden. Goethe schildert (1774) einen Lichterbaum in den „Leiden des jungen Werther“. In gut gestellten bürgerlichen und adligen Kreisen des protestantischen Deutschland wird der Weihnachtsbaum und die darunter gelegten Geschenke im 18. Jahrhundert zur Regel.

Marktplatz mit Weihnachtsbaum (Böblingen).

In Gebieten, wo Tannen oder Fichten selten sind (Laubwald- und Kieferngebiete) wurde aus Mangel an diesen Bäumen an anderen Formen festgehalten, beispielsweise an der wieder verwertbaren Weihnachtspyramide.

Weihnachtspyramide

Die Weihnachtsbäume wurden mit Äpfeln und Oblaten behängt. Adam und Eva sind die Kalenderheiligen des 24. Dezember. Deshalb wurden bald auch (rotbackige?) Äpfel an die Baumzweige gehängt. Mit den Äpfeln erinnert er an den Baum im Paradies, an welchem die erste Menschheitssünde begangen worden sein soll. Die bunten Glaskugeln heutiger Christbäume sind die Nachfolger der Äpfel.

Baum im Paradies

Die Lichter-Kerzen

Kerzen wurden schon bei den Etruskern und im alten Griechenland in Tempeln verwendet. Vor Götterstatuen haben die Römer Kerzenlichter angezündet. Spätestens seit dem Jahr 400 verwendeten Christen Wachskerzen als Leuchten bei rituellen Handlungen: „Der Honig gehört den Menschen, das Wachs den Heiligen“– auch wenn die Kirche Wachskerzen erst um das Jahr 900 in den offiziellen Kanon der Riten aufnahm und einer Weihe für würdig befand.

Christen sahen im Wachs der Kerze, das sich als Licht für die Menschen verzehrt, ein Abbild von Jesus Christus: Ein Licht,

Licht in der Finsternis

das in der Finsternis leuchtet und sich für die Menschen opfert. Wachskerzen waren sehr teuer, weshalb unsere Vorfahren ihre Wohnungen mit brennenden Holzspänen (Kienspan) oder mit Tranlichtern in ein dürftiges Licht tauchten. An den Weihnachtsbäumen der Reichen hingen einzelne Kerzen oder Öllämpchen in Walnussschalen. Die Preise der teuren Wachskerzen (Kerze = cereus = aus Wachs, lat.) sanken erst nach der Erfindung von Stearin (aus tierischen und pflanzlichen Fetten) und Paraffin (aus Erdöl, 1830). Deshalb wurden sie erst nach 1850 auch für normal Betuchte erschwinglich.

Lucia

Die mit Kerzen geschmückte Lucia wird am 13. Dezember gefeiert. ***Lucia*** von Syrakus habe Christen in den dunklen Katakomben mit Nahrung versorgt. Damit sie zum Tragen der Körbe mit Essen beide Hände frei hatte, habe sie auf dem Kopf Kerzen getragen. Sie wurde 303 im Rahmen der unter Diokletian durchgeführten Christenverfolgung auf Sizilien auf dem Scheiterhaufen lebendig verbrannt. Nach anderen Versionen soll die Zwanzigjährige mit dem Schwert hingerichtet worden sein, weil das Feuer ihr nichts habe anhaben können oder sie hätte von Ochsen zu Tode geschleift werden sollen. Weil die Ochsen jedoch nicht zu bewegen waren, sei sie erstochen worden. Das Datum, der 13. Dezember, ist jener Tag, an dem im Mittelalter (vor ***Gregors*** Kalenderreform 1582) ungefähr die Wintersonnwende war.

In Schweden hat sich dieser Brauch erhalten. Seit 1800 sind weiß gekleidete Mädchen mit Kerzen auf dem Kopf überliefert, welche zum nächtlichen Festschmaus auftrugen. 1920 gab es erstmals eine Wahl zur schwedischen Lucia. Heute wird das Frühstück mit Kaffee, Gebäck und Pfefferkuchen von Mädchen in weißen Gewändern mit einer breiten Seidenschärpe um die Taille und mit einem Lichterkranz im Haar serviert.

Der Weihnachtsbaum erobert die Welt

Um 1814 wurde durch einen protestantischen Bankier aus Berlin (A. v. ***Arnstein***) der Weihnachtsbaum in das katholische Wien gebracht. Im Jahr 1817 stellte die aus dem Rheinland stammende Habsburger Erzherzogin ***Henriette*** (geb. von Nassau-Weibling) einen Christbaum auf. Damit wurde der Brauch im Hochadel etabliert. Vom Hochadel übernahm das Bürgertum die Sitte, weshalb Weihnachtsbäume schon um 1830 in bürgerlichen Häusern des deutschen habsburgischen Kaiserreiches üblich waren.

Frankreich

Nach 1820 sollen die ersten Weihnachtsbäume in Adelspalästen in Paris gestanden haben. Zum Durchbruch der Weihnachtsbaumsitte in Paris führte im Jahr 1837 eine mit dem Herzog von Orléans verheiratete mecklenburgische Prinzessin. 1840 stand der erste Baum in den Tuilerien (Schloss des

Königs). Auf dem flachen Land hat sich in Frankreich die elsässische Tradition erst ein halbes Jahrhundert später etabliert.

Großbritannien

Der Ehemann der britischen Königin *Victoria* (1819, 1837–1901), Albert von Sachsen-Coburg-Gotha, brachte den Brauch 1841 an den englischen Hof. Von dort eroberte die Sitte das Britische Empire.

Im deutsch-französischen Krieg von 1870/71 ließen adlige Offiziere festlich geschmückte Weihnachtsbäume in den Unterkünften und Lazaretten aufstellen. Dadurch wurde der Brauch den einfachen Ständen bekannt.

USA

Der erste öffentliche Weihnachtsbaum in der Neuen Welt wurde 1891 vor dem Weißen Haus in Washington aufgestellt. Der erste Baum mit elektrischen Kerzen stand 1912 in New York. Von dort ist die Sitte mit elektrischen Kerzen auf den alten Kontinent geschwappt und ziert heute zahlreiche Vorgärten.

Nach 1900 wurde das Dekor verfeinert: Eiszapfen, Engelshaar, Lametta, Glitzerwatte kamen auf. In den Weltkriegen hingen manchmal auch gläserne U-Boote, Minibomben und Minen am Baum, die Baumspitze zierte im Ersten Weltkrieg gelegentlich eine Pickelhaube, im Zweiten Weltkrieg ein Hakenkreuz.

Der größte deutsche Weihnachtsbaum stand 1992 in Zell a. Harmersbach und war ein 80-jähriger 32 m hoher Sequioadendron giganteum (Wellingtonie), den rund 250 Kerzen schmückten. 1998 stand der größte deutsche Weihnachtsbaum im Zentrum von Badenweiler (vor dem Parkhotel). Es war ein 36 m hoher 165 Jahre alter Sequioadendron, der mit 3150 elektrischen Kerzen geschmückt war. Allein die Lichtleitungen hatten eine Länge von 11 km und die Beleuchtungskosten lagen für eine Saison bei 10000 €.

Aus Rekordsucht werden heute kegelförmige Metallgerüste erstellt, die mit zahlreichen Bäumen verblendet werden und dann als ein einziger riesiger Baum erscheinen.

Literatur

MANTEL, K. (1977): Geschichte des Weihnachtsbaumes. Hannover
LAUDERT, D. (2000): Mythos Baum. München, Wien, Zürich.

Jesus von Nazareth

Historisch Gesichertes ist über diesen bedeutenden Menschen kaum bekannt. Die über ihn geschrieben haben, sind ihm nie begegnet und jene, die ihn persönlich kannten, haben nichts Schriftliches hinterlassen. Keiner der biblischen Autoren kannte Jesus persönlich und nur einer, nämlich ***Paulus***, war Apostel. Auch über die anderen Religionsstifter Siddharta Gautama ***Buddha*** (vermutlich von 563 bis 486 v. Chr., die buddhistische Zeitrechnung geht von 483 v. Chr. als Sterbejahr aus), ***Lao-Tse*** (lebte vermutlich um 400–300 v. Chr.) oder ***Konfuzius*** (551–479 v. Chr.) ist nicht viel Gesichertes bekannt.

Berichterstatter

Die Berichte über Jesus sind mündlich weitergegeben worden. Jeder Erzähler konnte dabei auswählen, weglassen, ausschmücken, hinzufügen, verstärken, interpretieren.

Paulus wurde erst 2 oder 3 Jahre nach Jesu Tod Anhänger der Gruppe der Christen, die sich auf Jesus bezogen. Seine Briefe schrieb Paulus rund 20–25 Jahre nach dem Tod Jesu (50–55 n. Chr.). Trotzdem sind dies die ältesten Zeugnisse im Neuen Testament.

Das ***Markus***-Evangelium wurde ca. 40 Jahre nach Jesu Tod (70 n. Chr.) aufgezeichnet. ***Matthäus*** schrieb sein Evangelium um 80 n. Chr. in Syrien oder Palästina auf. Jenes von ***Lukas*** entstand um 90 n. Chr. und das von ***Johannes*** erst 70 Jahre nach Jesu Tod (100 n. Chr.). Die Evangelisten ordneten die Überlieferungen und veränderten sie zu theologisch geprägten, engagierten „Glaubenszeugnissen“, also handfesten

Propagandaschriften. Zweifellos sind in den Erzählungen auch historisch richtige Kerne enthalten, aber eben auch Lügen oder Übertreibungen – wie oftmals falsche Darstellungen verniedlichend bezeichnet werden.

Übertreibungen

So gibt es beispielsweise für den Kindermord von Bethlehem (Matthäus 2, V.16–18) keinen Beleg. Die fantastische Geschichte des Kindermordes durch den etwa siebzigjährigen Herodes, der im Jahre 4 v. Chr. starb, sollte wohl die Bedeutung des Neugeborenen unterstreichen. Auch zur Zeit der Geburt von Moses (um 1200 v. Chr.) soll der König von Ägypten angeordnet haben, die neugeborenen Knaben zu töten (2. Mose 1, V.15–22). Nur durch wunderbare Fügung blieb der Knabe Moses am Leben (2. Mose 2, V.1–10). Möglicherweise hat Matthäus eine Tötung von (20 bis 40) potenziellen Konkurrenten (auch von Kindern) aus dem Stamm der Makkabäer durch den Edomiter Herodes „umgebaut". Auch die „Flucht nach Ägypten" (Matthäus 2, V.13–15) dürfte nie stattgefunden haben.

Nazareth

Jesus wurde vermutlich kurz vor „Christi Geburt" unter Kaiser Augustus (27 v. Chr. bis 14 n. Chr.) geboren (um 7 v. Chr.?). Sein Geburtsort ist (wahrscheinlich) Nazareth (in Galiläa). Werden mittlere Verhältnisse seiner Zeit unterstellt, dann ist seine Mutter Mirjam (= Maria) 16–17 Jahre alt und sein Vater Jehoschua (= Josef) 25 Jahre alt, als ihnen ihr erstes Kind Jesus geboren wird. Sein Vater Josef ist Bauhandwerker. Er gehörte zur wirtschaftlich ordentlich gestellten Mittelschicht. Jesus hatte jüngere Geschwister.

Vermutlich wurde Jesus gut ausgebildet und lernte mehrere Sprachen. Wahrscheinlich lernte er den Beruf seines Vaters und zählte somit selbst zur wirtschaftlich gesunden Mittelschicht.

Die Nennung von Bethlehem als Geburtsort bei Lukas und Matthäus erklärt sich aus der theologischen Fundierung: Nach einer alttestamentarischen Prophezeiung von ***Micha*** wird die Geburt des Messias in Bethlehem, der Stadt ***Davids***, angekündigt (Micha 5, V.1). Markus erwähnt nicht einmal, dass Jesus etwas mit Bethlehem zu tun hatte.

Heil für Arme

Auch die Behauptung, Jesus sei in einem Stall geboren worden, ist eine „politische Botschaft“: Das Heil der Welt kommt nicht von den Reichen und Mächtigen, sondern von den Armen und Machtlosen, und es wird machtlosen Menschen wie den Schafhirten zuerst verkündet.

Nach alten orientalischen Märchen wurde der ägyptische Pharao als Gottkönig aus der Gottgeistheit Amun-Re in Gestalt des amtierenden Pharao und der jungfräulichen Königin wunderbar gezeugt. Auch manches germanische Herrschergeschlecht

göttlicher Herkunft

leitete sich von göttlicher Herkunft ab (die Goten von den Asen, die Langobarden von Freia). Zeitweise wird bei der Inthronisation eines Herrschers davon gesprochen, dass der neue König von „Gott gezeugt" ist. Damit wird keine sexuelle Zeugung, sondern die Machtübergabe von Gott an seinen irdischen Stellvertreter, den (neuen) König beschrieben.

Das alte orientalische Motiv wird auch Jesus zugeordnet. Paulus schreibt noch nichts vom Mirakel der „Jungfrauengeburt", obgleich er etwas derart Wichtiges vermutlich erwähnt hätte, hätte er davon gewusst. Hier lautet die „politische Botschaft": Jesus ist Gottes Sohn, Gottes Gesandter. Außerdem: Wenn alle Menschen Gottes Kinder sind, dann ist Jesus logischerweise Gottes Sohn.

Vermutlich stand die eigene Familie Jesus distanziert gegenüber. Erst nach seinem Tod scheinen seine Geschwister (teilweise?) zur „christlichen Gemeinschaft" gestoßen zu sein.

Taufe

Etwa mit 34 Jahren (27 n. Chr.?) ließ sich Jesus von Johannes taufen. Johannes kündigte das nahe Gottesgericht an und rief zur Buße und Umkehr auf. Er predigte im südlichen Jordangraben. Die Taufstelle soll am östlichen Ufer des Jordans, beim Ort Bethanien gelegen haben. Damals gab es viele solcher Prediger, die vor einer Apokalypse, vor dem Weltuntergang, warnten. Der Ritus der Taufe ist auf den sumerischen

Wassergott Ea zurückzuführen (3000 v. Chr.). Die Hellenen nannten diesen Gott Oannes, aus welchem hebräisch Johanan wurde. Johannes wurde 28 n. Chr. hingerichtet. Nach der Taufe ging Jesus seinen eigenen Weg.

Wanderprediger

Jesus zog in Begleitung von verheirateten Männern und Frauen (Letzteres war damals ein Skandal) durch Palästina. Vermutlich war sein Lebensmittelpunkt in dieser Zeit in Kapernaum (Kfar Nachum) am See Genezareth. Jesus trat höchstens drei Jahre lang (vielleicht auch nur wenige Monate) als „Wanderprediger" öffentlich auf.

Jesu Ethik war jüdisch. Er gab keine neuen Gebote, schuf keine Zusätze zu den alten Geboten. Er schärfte den Sinn für die alten Gebote, welche für die Menschen da sind (und nicht umgekehrt). Er pflegte den offenen Umgang mit Abweichlern (Samaritern), mit Unmoralischen (Prostituierten, Ehebrechern, Zöllnern) und mit Ausgestoßenen (Armen, Kranken). Jesus lässt sich kaum richtig einordnen: War er Moralist oder Rebell? Er wollte keine neue Religion stiften. Jesus war und blieb Jude.

Pontius Pilatus

Jesus wurde (37-jährig?) unter dem für Judäa zuständigen römischen Statthalter Pontius ***Pilatus*** (?, 26–36 n. Chr.) durch Kreuzigung hingerichtet. Es muss die Ahndung eines politischen Vorwurfs gewesen sein, weil den römischen Machthabern religiöse Fragen gleichgültig waren. Wurde das Wirken von Jesus als Widerstand gegen die römische Macht verstanden? Möglicherweise war die „Austreibung" der die Opfertiere und die Spendengelder für den Tempel organisierenden Händler der Anlass für die Tempelbehörde, gegen Jesus vorzugehen. Für Pilatus war vielleicht der Anspruch, Jesus sei der „König der Juden", der Messias, der Grund für die Hinrichtung. Die Kreuzigung fand am 15. oder 14. Nisan des jüdischen Kalenders statt, vermutlich im Jahre 30 n. Chr.

BERGER, K. (1995): Wer war Jesus wirklich? Stuttgart.
BONSEN, E. z. (1995): Jesus – nur eine Legende? Süddeutsche Zeitung (296) v. 23.12.95, S. 10.
CONZELMANN, H. u. A.LINDEMANN (1991): Arbeitsbuch zum Neuen Testament. Tübingen.
GNILKA, J. (1990): Jesus von Nazareth. Freiburg.
MERKLEIN, H (1997): Als Unruhestifter ans Kreuz geschlagen. Süddeutsche Zeitung v. 29.3.97, S. 12.
PRAUSE, G. (1977): Herodes der Große. Hamburg.

Literatur

Silvester

Der Name des letzten Tages im Jahr erinnert an den nach 21 Amtsjahren am 31.12.335 verstorbenen Papst ***Silvester I.*** Der Römer Silvester war seit 314 im Amt und damit der erste Papst in der ab 313 staatlich tolerierten christlichen Kirche. Der Name Silvester hat seine Wurzel im lateinischen Wort silva = Wald und bedeutet „im Walde lebend".

silva = Wald

In der Nacht des letzten Tages im Jahr wurden schon in alter Zeit mit Trommeln, Peitschenknallen und Schellen die Dämonen des alten Jahres erschreckt.

Mit den unterschiedlichsten Verfahren sollte erfahren werden, was das neue Jahr alles dem Suchenden bringen wird. Heute wird an Silvester gelegentlich heiß gemachtes, flüssiges Blei in kaltes Wasser gegossen. Die sich dabei bildenden Figuren, sollen dem Gießenden im neuen Jahr begegnen, z. B. ein Ring für Heirat, ein Geldstück für Wohlstand, eine kleine menschenähnliche Figur für Familienzuwachs, ein Schwein oder ein Kleeblatt für Glück.

Vorhersagen

Andere griffen mit dem Finger wahllos in ein Buch, z. B. in die Bibel und lasen den so aufgeschlagenen Text und interpretierten daraus das Kommende (Bibel stechen). Die für den Bauern wichtige Wetterlage wurde erforscht, indem in zwölf Eierschalen Salz gestreut wurde, jede Schale stand für einen Monat. Wurde das Salz in einer der Schalen nass, sollte der entsprechende Monat regenreich werden.

Im Altertum wurde zum Jahresende den Göttern geopfert, um sie für das neue Jahr wohlwollend zu stimmen.

Feiern zum Jahreswechsel sind vermutlich so alt wie die Gliederung der Zeit. Schon immer erhofften sich die Menschen eine glückliche Zukunft und wünschten sich und ihren Freunden eine solche. Im Christentum sollen ab dem Jahr 500 Feiern zum Jahreswechsel begangen worden sein.

Feuerwerk

Ein Feuerwerk zu diesem Datum war erst nach der Erfindung des Schießpulvers möglich. Erstmals soll im Jahre 1103 in China ein Feuerwerk abgebrannt worden sein. Das erste europäische Feuerwerk würdigte nicht einen Jahreswechsel, sondern einen Friedensvertrag zwischen zwei mächtigen Familien und fand im Jahr 1379 in Vicenza (Norditalien) statt. In Konstanz soll zu Ehren des Kaisers das erste deutsche Feuerwerk 1506 abgebrannt worden sein.

Silvesterfeuerwerk

Mythos, Glaube und Naturwissenschaft

Eine Grundlage der Mythen

Es können keine Beweise darüber geführt werden, dass es etwas nicht gibt, was tatsächlich nicht vorhanden ist. Beweise können immer nur darüber geführt werden, was es gibt. Deshalb kann viel Unsinniges behauptet werden.

Beweisprobleme

Die Behauptung erscheint unsinnig, dass auf einem Planeten um einen Stern im 2,5 Mio. Lichtjahre entfernten Andromeda-Spiralnebel eine Rinderherde weidet. Sollte jemand gläubig von der Existenz der Rinderherde überzeugt sein, ist ihm nicht zu beweisen, dass er irrt. Erst wenn der Planet erforscht wird und trotz gründlicher Forschung keine Rinderherde gefunden wird, dann kann gefolgert werden, dass es diese Wesen dort nicht gibt. Sollte diese Erkundung eines fernen Tages durch Menschen möglich sein, dann muss die (eingebildete) Weide eben auf einen noch ferneren Stern verlegt werden.

Der Sachverhalt, dass Naturwissenschaft nicht beweisen kann, dass es etwas nicht gibt, ist die Grundlage jeder Glaubenshaltung, sei sie Religion oder Sciencefiction.

Auch wenn alle Steine, die wir hochheben und loslassen, zur Erde fallen, kann einem überzeugten (im Glauben starken) Anhänger von durch „spirituelle Kräfte fliegenden Steinen" nicht bewiesen werden, dass auch zukünftig niemals ein Stein (ohne naturwissenschaftlich erfassbare Energie) fliegt oder nach oben „fällt". Auch wenn jeder Mensch, der in einen See hineingeht, in das Wasser einsinkt und mir noch niemals einer begegnete, der auf der Wasseroberfläche gehen konnte, ist damit einem überzeugten Anhänger nicht zu beweisen, dass niemals ein Mensch auf dem Wasser zu gehen vermag.

Glauben ist nicht Wissen

Es können nie Beweise darüber geführt werden, dass etwas nicht eintritt. Es kann nur gezeigt werden, was geschieht. Deshalb ist es dumm, Unmögliches zu verlangen. So ist z. B. die Forderung dumm: „Beweisen Sie, dass nichts passieren kann". Es kann jedoch verlangt werden zu zeigen, in welcher Form ein Verfahren oder ein Prozess abläuft.

Umso zwingender ist es, jede Argumentation auf ihre Logik (folgerichtige Struktur) zu prüfen. Plausibilität muss verlangt werden.

Der Wert eines Glaubens

Die Betrachtung geschichtlicher Wurzeln von Glaubensregeln kann den Eindruck erwecken, ein betrachteter Glaube selbst

Mut zum Leben

sei „falsch“. Allein die Bedeutung des christlichen Glaubens für einen großen Teil der Menschheit während der vergangenen zweitausend Jahre zeigt, dass das Wichtige eines Glaubens nicht in der „Wahrheit“ liegt. Ein Glaube muss dem Gläubigen Vertrauen und Lebensmut zur positiven Gestaltung seines Lebens geben, dann wird er von den Menschen gebraucht und damit wird die Glaubensbotschaft erfolgreich sein.

Ist es nicht ein erfüllendes Erlebnis, wenn an Weihnachten in der Kirche gemeinsam Weihnachtslieder gesungen werden und wenn von der alten Legende berichtet wird, nach der ein Erlöser in die Armut der Welt hinein geboren wurde?

Vertrauen

Versöhnung

Die Treffen von einigen zehntausend Jugendlichen, um im Geiste des protestantischen Ordens der Brüder von Taizé den Jahreswechsel vorzubereiten, können in den Menschen die guten Werte der christlichen Botschaft weiter geben: Habe Vertrauen in dich und Freude am Leben. Tue etwas für andere, übe Barmherzigkeit und nicht nur Gerechtigkeit. Versöhne dich mit deinen Gegnern. Arbeite daran mit, damit mehr Licht in die Welt kommt und Friede zwischen den Menschen herrscht.

Diesen guten Seiten eines Glaubens stehen die intoleranten Fanatiker gegenüber, welche den Glauben der Andersgläubigen zum Aberglauben (dem falschen Glauben) machen, der mit vernichtender Gewalt zu bekämpfen ist. Aus solchem Fanatismus entstehen Mord und Zerstörung.

Der immer währende Sieg des Zweckmäßigen

Der scharfsinnige Physiker *G. Ch. Lichtenberg* (1742–99) meinte, die Naturwissenschaften würden bald jeden Aberglauben und damit jeden Glauben widerlegen. Er hielt die Erklärungsmodelle der Religionen und damit die Religionen selbst für auslaufende Weltmodelle.

1899 veröffentlichte der Biologe *E. Häckel* (1834–1919) das Buch „Die Welträtsel". Er behauptete, dass die Naturwissenschaften alle Welträtsel gelöst haben oder in Zukunft lösen werden.

Beide haben sich geirrt. Beide haben drei Dinge übersehen:

1. Naturwissenschaft kann nie beweisen, dass es etwas nicht gibt.

Zweckmäßigkeit statt Wahrheit

2. Es kommt nicht auf die „Wahrheit" an, sondern auf die Zweckmäßigkeit einer Überzeugung. Für das erfolgreiche Bestehen in der Kräftewelt des Lebens ist vom Inhalt eines Glaubens nur wichtig, ob der Glaube zum Bestehen erlebter Konflikte befähigt. Deshalb ist für die Wirksamkeit eines

Glaubens nicht bedeutend, ob er sich auf wahre Sachverhalte gründet. Die Wahrheit ist unwichtig. Wichtig ist die Zweckmäßigkeit eines Glaubens!

3. Da (fast) alle menschlichen Gesellschaften religiöse Vorstellungen besitzen, ist anzunehmen, dass Religion für die menschliche Lebensbewältigung zweckmäßig ist. Auf zweckmäßige Verhaltensformen verzichtet sinnvoller Weise kein Lebewesen. Es wäre somit gefährlich oder dumm, wenn ein Mensch auf eine offenbar zweckmäßige religiöse Vorstellung verzichten würde.

Fähigkeit zum Leben

Menschen können nicht nur ihre materielle Umwelt gestalten, sie können auch ihre eigene Vorstellung von den Dingen beeinflussen. Menschen können sich Sachverhalte einreden. Autogenes Training nützt diesen Umstand mit dem Ziel, den Anwender lebenstüchtiger zu machen. Auch Religion und die gemeinschaftliche Ausübung von (rituellen) Handlungen kann Menschen befähigen, besser mit ihrem Leben zurecht zu kommen. Es ist einfältig zu fordern, solche Vorteile aufzugeben.

Am 1. April 1976 erklärte im britischen Rundfunk BBC ein bekannter Astronom, dass genau um 9 Uhr 47 der Planet Pluto exakt hinter Jupiter steht. Durch diese ungewöhnliche Konstellation sinke für den Bruchteil eines Augenblicks die Kraft der Erdanziehung. Er riet seinen Zuhörern, genau in diesem Moment hochzuspringen, da man dann länger schweben könne. Das Experiment fand Anklang und viele Anrufe bestätigten der BBC den Erfolg. Das Datum des ersten April wurde – wie so oft – übersehen.

„Es sind nicht die Tatsachen selbst, die menschliches Verhalten steuern, sondern es ist die Meinung, die sich der Mensch über Tatsachen bildet." (A. v. ***Humboldt***, 1769–1859).

Der Autor

Prof. Dr. rer. nat. Hans-Peter Ebert, Jahrgang 1942, erlebte die Kindheit im Schwarzwald, die Jugend in Stuttgart. Die forstliche Ausbildung und seine berufliche Tätigkeit brachte ihn in viele Orte Baden-Württembergs. Längere Zeit wohnte er in Freiburg, bei Karlsruhe und in Sinsheim. Seit 1986 lehrt der Diplom-Forstwirt an der Hochschule für Forstwirtschaft FH Rottenburg.

Bildnachweis

Photo: AKG Berlin: Titelbild S.12; 19; 22; 26; 44; 48; 62; 77; 85; 104; 106; 109
© RODRUN/Knöll: S. 50; 53; 67; 71; 81; 93; 96; 99; 137; 151
© RODRUN/Krug: S. 119
© RODRUN/Bühler: S. 126

Bücher aus dem DRW-Verlag

Renaissance in Baden-Württemberg
Perspektiven einer Baukunst. Von Erhard Hehl (Fotografie) und Harald Schukraft (Text). 176 S., 222 Farbfotos, 27 doppelseitige Luftbilder. Nach einer prägnanten und interessanten Einführung ins Thema - mit 78 Farbfotos beispielhaft dargestellt - wird im über 100seitigen Hauptteil „Renaissance vor Ort“ anhand von 25 Beispielen vorgestellt. Jedem Beispiel (2-8 Seiten umfassend) ist ein doppelseitiges Luftbild vorangestellt. ISBN 3-87181-293-5

Frauen im Hause Württemberg
Von Hansmartin Decker-Hauff. Herausgegeben von Wilfried Setzler, Volker Schäfer und Sönke Lorenz. 304 S., mit 111 Abbildungen, davon 71 in Farbe. 27 Lebensbilder aus der bekannten Fernsehreihe von Hansmartin Decker-Hauff. Ein Meisterstück historisch fundierter Erzählkunst. ISBN 3-87181-390-7

Uhland von A bis Z
Von Karin de la Roi-Frey. 128 S., 17 Abb. Geschichten, Anekdoten und Wissenswertes von A wie Aussehen, über L wie Landtag bis hin zu Z wie Zeitvertreib. Eine Biographie. die den Dichter, Politiker und Gelehrten als privaten Menschen in den Mittelpunkt stellt. ISBN 3-87181-407-5

Frauenleben im Biedermeier
Berühmte Besucherinnen bei Justinus Kerner in Weinsberg. Von Karin de la Roi-Frey. 144 S., mit 18 hist. Abb.. ISBN 3-87181-397-4

Schmeck den Süden – Baden-Württemberg
Ein kulinarisches Landschaftsbild. Von Josef Thaller. 235 Rezepte mit Zutaten aus ökologischem Anbau und artgerechter Tierhaltung. 208 S., mit 197 Farbfotos, 56 ganzseitigen Foodbildern. ISBN 3-87181-457-1

Warum denn in die Ferne schweifen ... Baden-Württemberg liegt nah
Aus Anni Willmanns Reisechronik. 160 S., mit 36 Fotos. Eine Entdeckungsreise durch Baden-Württemberg mit Anni Willmann, die viele Jahre die Reisechronik im Stgt. Wochenblatt geschrieben hat. ISBN 3-87181-408-3

Der gelernte König
Wilhelm II. von Württemberg. Ein Porträt in Geschichten von Anni Willmann. 160 S., zeitgenössisch illustriert. Ein abwechslungsreiches, kurzweiliges Buch, das Biographisches und Anekdotisches zu einem einzigartigen Porträt des letzten württembergischen Königs zusammenfügt. ISBN 3-87181-292-7

Sperrige Landsleute
Wilhelm 1. und der Weg zum modernen Württemberg. Von Karl Moersch. 272 S., mit 50 hist. Abb. Württembergs Weg zum modernen Staat unter der Regie Wilhelms I. Unterhaltsame Porträts von Wilhelms prominenten Mitstreitern und Kontrahenten: sperrige Landsleute allesamt. ISBN 3-87181-373-7

Bücher aus dem DRW-Verlag

Es gehet seltsam zu ... in Württemberg
Von außergewöhnlichen Ideen und Lebensläufen. Von Karl Moersch. 296 S., mit 79 hist. Abb.. Der Autor zeigt, daß württembergische Geschichte und Gegenwart eng zusammengehören. Ein umfangreiches, auf gründlicher Recherche beruhendes Wissen und der klare Stil machen das Werk zu einem wertvollen Geschichtsbuch. ISBN 3-87181-409-1

Der Württemberg – Der Berg, das Land, der Wein
Landschaftsbild und Geschichtsbetrachtung. Von Rotraud Harling und Helmut Gerber. Ein Fotoband von ganz besonderem Reiz. 128 S., mit 160 Farbfotos. ISBN 3-87181-463-6

Liebesgunst
Mätressen in Württemberg Von Susanne Dieterich. 176 S., mit 33 Abb. Liebesgunst und Liebesneid – Rollenbild und Stellung der Geliebten auf Zeit an württ. Höfen des 17. und 18. Jahrhunderts, ihr Einfluß auf Kunst und Politik. ISBN 3-87181-380-X

Württemberg und Rußland
Geschichte einer Beziehung. Von Susanne Dieterich. 216 S., mit 58 Abb., zum Teil in Farbe. Vielgestaltig waren und sind die Verbindungen zwischen Württemberg und Rußland, spannend die Geschichten, die sich dahinter verbergen. ISBN 3-87181-243-9

Weise Frau – Hebamme, Hexe und Doktorin
Zur Kulturgeschichte der weiblichen Heilkunst. Von Susanne Dieterich. 192 S., mit 20 Abb..
ISBN 3-87181-461-X

Die längste Höhle der Schwäbischen Alb
Auf Entdeckungsfahrt durch die Wulfbachquellhöhle. 96 S., mit 60 Fotos. Die Autoren Jürgen Bohnert, Siegfried Geiger, Herbert Jantschke, Andreas Kücha und Rainer Straub geben einen faszinierenden Einblick in eine Welt, die nur geübten Höhlentauchern vorbehalten bleibt.
ISBN 3-87181-391-5

Burg Wildenstein über dem Tal der jungen Donau
Die Geschichte der Burg mit ihren Vorläuferburgen und Besitzern bis in die heutigen Tage.
Von Gunter Haug und Heinrich Günther. 128 S., mit 100 Farbfotos und hist. Abb..
ISBN 3-87181-464-4

Sagenhaftes Wandern auf der Schwäbischen Alb
Von Andrea Liebers und Günther Stahl. 80 S., mit 6 Fotos und Wegeskizzen. Wanderführer und Sagen-Lesebuch zugleich. Zwei Bände sind bisher erschienen, in jedem Band 6 Sagen und Wanderbeschreibungen zu den Sagenorten.
Band 1: ISBN 3-871781-402-4; Band 2: ISBN 3-87181-441-5